Ernst Moritz Arndt

RÜGEN

Herausgegeben von
Hans-Joachim Hacker

HINSTORFF

Alle Abbildungen wurden vom Stadtarchiv der Hansestadt Stralsund zur Verfügung gestellt.
Die Buchstaben und Zahlenkürzel bei den Zitaten aus Briefen verweisen jeweils auf die in der Literaturliste aufgeführte Quelle.

Abbildung Schutzumchlag: Die Stubbenkammer

Bibliographische Information Der Deutschen Bibliothek:
Die Deutsche Bibliothek verzeichnet diese Publikation in der Deutschen Nationalbibliographie; detaillierte bibliographische Daten sind im Internet über http//dnb.ddb.de abrufbar.

Lagerstraße 7, 18055 Rostock
Tel. 03 81 / 49 69 - 0
Internet: http://www.hinstorff.de

1. Auflage 2003

Herstellung: Hinstorff Verlag GmbH, Sylvia Raschke
Projektbetreuung: Thomas Gallien
Druck und Bindung: Wiener Verlag GmbH
Printed in Austria
ISBN 3-356-00959-1

Vorwort

Die größte deutsche Insel – Rügen – wird jährlich von Millionen Menschen besucht. Sie kommen natürlich vor allem im Sommer, um sich an den weißen Stränden und in der abwechslungsreichen Natur zu erholen. Wohl nur die wenigsten Touristen werden die Geschichte der Insel kennen oder beim Aufenthalt auf dem Eiland gleich kennenlernen wollen. An einem verregneten Ferientag, in Vorbereitung einer Rügenreise oder nach dem Aufenthalt hier kann etwas historische Aufklärung aber nicht schaden. Wenn dies dann noch aus eigenem Erleben des Erzählers geschieht, ist es besonders reizvoll.

Zu den berühmtesten Rüganern gehört zweifelsfrei Ernst Moritz Arndt. In seinem umfangreichen schriftlichen Nachlaß finden sich viele Hinweise auf die Geschichte der Insel und auf seine eigenen Erlebnisse auf ihr zwischen 1769 und 1816 – sowie seine „Liebeserklärungen", vor allem aus späterer Zeit, an sie. Seine Kenntnisse und Gefühle den Menschen unserer Tage nahezubringen und somit die Insel in einem wichtigen historischen Abschnitt vorzustellen, soll die Aufgabe dieses Bandes sein.

In seinen ERINNERUNGEN AUS DEM ÄUßEREN LEBEN *hat Ernst Moritz Arndt ausführlich seine Kindheit beschrieben – Aussagen, die sich hier in den nachfolgenden Abschnitten „Geburt und Eltern" und „Kindheitserinnerungen" finden. Dieses Vorwort konzentriert sich deshalb auf die Zeit danach, in der für Arndt der Ernst des Lebens begann.*

1787 verließ er erstmals Rügen für längere Zeit, um in die Klassenstufe „Sekunda" des Stralsunder Gymnasiums einzutreten. Bisher nur mit den ländlichen Verhältnissen auf der Insel vertraut, sah er sich nun mit städtischen konfrontiert:

Dies war ein Sprung! Der arme blöde Landjunge erschien im schlechtesten Aufzuge unter vielen zum Theil zierlichen und nach ihrer Weise vornehmen Jünglingen der ersten Familien der pommerschen Hauptstadt. Ich trug einen grünen Rock von eigengemachtem Zeuge; wenn es ein bißchen besser sein sollte, einen grauen plüschenen, aus einem alten Rocke meines Vaters zusammengenäht und von dem Landschneider etwas zu wulstig weit zugeschnitten; meine Stiefel ungefähr in ähnlicher Art von dem Leisten des Meisters Silverstorp in Rambin. Man kann sich denken, mit welcher Gier die zierlichen Stadtpfauen über die so aufgeputzte Landkrähe herfuhren, und wie die Krähe sich anfangs zurückmachte. Indessen, Not bricht Eisen, und da mich einige etwas unsanft anzutasten wagten, fühlte ich mein ungeduldiges Arndtsblut aufsieden, und bald lagen ein paar Bursche zusammengeknickt zu meinen Füßen.

Im Oktober 1789 verließ Ernst Moritz Arndt das Gymnasium ohne Abschluß, wegen des zu vielen Wohllebens, dem ich nicht ausweichen konnte, wegen tapfern Kampfes mit Fleisch und Blut *[...]*. Lieben und liebeln durfte ich damals nicht. *Ihm erschien die Flucht vor diesen Gefahren als einzige Möglichkeit zur Lösung des Problems. Arndt bemühte sich um eine Anstellung auf dem Lande. Seinen Eltern, die mittlerweile nach Löbnitz auf das Festland gezogen waren, teilte er dies in einem pathetischen Brief mit. Bereits nach fünf Tagen war der Neuanfang beendet. Ernst Moritz Arndt kehrte in sein Elternhaus zurück und bereitete sich dort bis Ostern 1791 auf sein Studium vor.*

Am 4. Mai 1791 erfolgte für 4 Taler seine Immatrikulation an der theologischen Fakultät der Universität in Greifswald. 22 Monate später verließ Arndt die Stadt und wechselte zur Fortsetzung seiner Studien nach Jena. Zum Abschied schrieb ihm sein Fechtlehrer Willich ins Stammbuch: „Vorwerts! Hätten wir doch viele solcher Jünglinge auf unserer Hochschule als Sie, mein liebenswürdiger Freund! Es würde das falsche, das lügenvolle verleumderische Vorurtheil, hier nichts oder nur wenige lernen zu können, bald vernichtet werden. Wohl Ihnen, liebster Freund! Sie haben Ihre Zeit herrlich genutzt, Sie zeichnen Sich nach jedermanns Äußerung unter den Fleißigen aus. Fahren Sie fort, so vorwerts zu kommen, so werden Sie ohne menschliche Wünsche glücklich seyn. Mit Vergnügen werde ich mich Ihrer erinnern."

In Jena blieb Arndt 18 Monate. Zu seinen Lehrern, die ihn stark beeindruckten, gehörte Johann Gottlieb Fichte. In diese Zeit fiel auch der erste gedruckte dichterische Versuch. Im Göttinger Musenalmanach erschien 1793 sein TRINKLIED. *Ende August 1794 brach Arndt von Jena auf und gelangte über Leipzig, Dessau, Quedlinburg, Braunschweig und Celle nach Hamburg. Hier blieb er bis Ende Oktober und reiste dann zu den Eltern nach Löbnitz.*

DAS HAUS DER ELTERN IN LÖBNITZ

Über die folgenden Jahre sagte Arndt selbst: Hier saß ich nun wieder zwei behagliche Jahre, indem ich meine beiden jüngsten Geschwister unterrichtete und für mich studierte *[...]*. An Reibung und Reitzung fehlte es mir selbst im ländlichen Hause meines Vaters nicht; und so flossen diese zwei Jahre meist fröhlich dahin. *Zu den angenehmen Seiten in seinem Leben gehörte zweifelsohne auch das Kennenlernen von Charlotte Quistorp, der Tochter des Greifswalder Professors Johann Quistorp, im Herbst 1794 in Barth. Da sein* Herz und Blut wallend *war, ist die am 3. September 1795 erfolgte Verlobung verständlich.*

Nachdem Arndt sein theologisches Examen an der Greifswalder Universität auf unbeschreiblich leichte Weise *absolviert hatte, folgte 1796 eine Einladung des Hausfreundes und Pfarrers zu Altenkirchen, Ludwig Theobul Kosegarten, dessen Kinder zu unterrichten. Da diese noch zu jung waren, hatte er genügend Zeit, sich der* ausgewählten *Hausbibliothek zuzuwenden. Trotz erster beachtenswerter Predigten, stand Arndts Entschluß bezüglich seiner beruflichen Entwicklung als Pfarrer fest:* So ist es also in der Ordnung gewesen, daß ich mich von den fetten rügenschen Pfründen nicht habe locken lassen, sondern den schwarzen Rock nicht angezogen habe. Denn locken konnten rügensche Pfarrstellen wohl den pfaffischen und weltlichen Sinn, deren mehrere bei den damaligen Kornpreisen 2000 und 3000 Taler schwer Geld eintrugen, deren Inhaber Gerichtsherren ihrer Kirchdörfer waren, mit vier schwarzen Rappen vorm Bock fuhren und sich Kirchherren schrieben.

Nach zwei Jahren beendete Arndt seinen Aufenthalt im Haus Kosegarten. In einem Brief vom 14. März 1798 hieß es: Liebste Mutter, Sie sind wohl so gütig, meine Sachen gegen

Ostern fertig zu machen, daß ich gleich einpacken und den Koffer in alle Welt senden kann; könnten Sie mir noch ein bis vier Paar kurze wollene Strümpfe machen, so wäre ich ganz gerüstet. Sie sorgen wohl, daß ich bei Gelegenheit erfahre, ob und wann Fuhrmann Kräplin nach Leipzig abfährt. *Arndt wollte auf große Reise gehen. Am 16. Mai 1798 schrieb ihm seine Verlobte Charlotte Quistorp beim Abschied in sein Stammbuch: „Fahr' glücklich und gedenke in Italien meiner. Bring' mir was mit von der Ferne." Sein Weg führte ihn durch Deutschland nach Italien, Frankreich und über Belgien wieder nach Löbnitz, wo er Ende Oktober 1799 eintraf.*

Arndt stellte sich selbst die Frage: Was nun? – und antwortete: Diese ward zunächst durch die Liebe entschieden. Eine alte Liebe, zuweilen mit dünnen weißen Aschen bedeckt, hatte fünf Jahre im Stillen gebrannt; sie schlug ans Licht auf. Durch sie bin ich nach Greifswald gekommen und Universitätsmann geworden *[...]*. Ich heiratete die natürliche Tochter des Professors der Naturgeschichte, Dr. Quistorp, Charlotte Marie, und ward Privatdozent und das folgende Jahr, nicht ohne den Einfluß dieser Familie, Adjunkt der philosophischen Fakultät mit etwa 300 Talern Gehalt. Meine Frau schenkte mir im Sommer 1801 einen schönen Sohn, der ihr das Leben kostete.

Das neue Jahrhundert hielt für den nunmehr 32jährigen Arndt also Freud und Leid bereit. In den folgenden Monaten weilte er häufig auf der Insel Rügen und veröffentlichte eine Reihe von Schriften. Dazu zählte auch der VERSUCH EINER GESCHICHTE DER LEIBEIGENSCHAFT IN POMMERN UND RÜGEN. *Dieser Band erschien 1803. Die Vorahnung, daß* das Buch mir hier im Lande wenige Gönner machen wird, *traf ein. Rügensche Adlige prozessierten gegen ihn. Schwedens König als Landesherr entschied aber, daß Ernst Moritz Arndt mit seiner Darstellung Recht habe.*

Im Herbst 1803 erfüllte Arndt sich einen lang gehegten Wunsch – er unternahm eine Schwedenreise. Von dort im September 1804 zurückgekehrt, setzte er wenige Tage später seine Vorlesungstätigkeit in Greifswald fort. Am 11. April 1806 wurde Ernst Moritz Arndt durch den schwedischen König Gustav IV. Adolf zum außerordentlichen Professor ernannt. Den Sommer verbrachte er in Stralsund. Dort arbeitete er bei der schwedischen Regierung für Pommern an der Übersetzung der schwedischen Reichstagscharta in die deutsche Sprache mit.

Am 12. Juli hatte Arndt ein Duell mit einem schwedischen Offizier. Er wurde von dessen Kugel getroffen, mußte bis Ende September seine Verwundung auskurieren. Danach reiste er zu seinem Vater nach Trantow. Zu dieser Zeit trafen die ersten Nachrichten über die Niederlage der Preußen bei Jena und Auerstedt ein. Da Arndt in seinem Buch GEIST DER ZEIT *Napoleon heftig angegriffen hatte, mußte er angesichts des Vormarsches der Franzosen um seine Sicherheit fürchten. Deshalb entschloß er sich, abermals nach Schweden zu reisen, wo er am 19. November 1806 eintraf. Am Jahresende in Stockholm angekommen, arbeitete Arndt u. a. in der Reichskanzlei an der Übersetzung der schwedischen Gesetze für die deutschen Landesteile Schwedens mit.*

Während seiner Abwesenheit von Schwedisch-Pommern geschahen hier wichtige, ihn betreffende Ereignisse. Nach dem Tod des Professors für Geschichte der Greifswalder Universität, Kammerrat Möller, beschloß die Philosophische Fakultät am 7. Mai 1807, Arndt als dessen Nachfolger zu nominieren. Die Heimkehr und die Übernahme der Professur rückten aber in weite Ferne, da die Franzosen im August 1807 die Regierungsgewalt in Schwedisch-Pommern übernahmen. Die für Ernst Moritz Arndt vorgesehene Professur wurde 1808 durch die Franzosen mit dem Pfarrer von Altenkirchen auf Rügen, Gotthard Ludwig Kosegarten, besetzt. Schließlich entfernte man den abwesenden Arndt im selben Jahr aus seiner außerordentlichen Professur und besetzte diese mit dem Vizebibliothekar Rühs. Der Tod des Vaters im Sommer 1808 vervollständigte die Reihe der Schicksalsschläge.

Anfang September 1809 kehrte Arndt, zum Teil auf abenteuerliche Weise, als Sprachmeister Allmann *zurück. Unter dem Namen Holmquist hielt er sich bei seinem Bruder in Trantow auf. Noch vor Weihnachten siedelte er nach Berlin um, ebenfalls unter dem Pseudonym Sprachmeister Allmann. Sein Jugendfreund, der Buchhändler Reimer, bei dem Arndt wohnte, machte ihn mit wichtigen Leuten bekannt, u. a. mit Schleiermacher, Eichhorn, von Gruner und von Gneisenau.*

Die Rückkehr in die Heimat wurde durch den zwischen Frankreich und Schweden am 18. März 1810 geschlossenen Friedensvertrag ermöglicht, der die Rückgabe von Schwedisch-Pommern und Rügen an Schweden vorsah. Für Arndt hieß dies auch Wiedereinsetzung als außerordentlicher Professor an der Universität Greifswald. Hier allerdings fühlte er sich nicht mehr wohl. Dafür gab es mehrere Gründe, so die bei einem Teil der Professoren anhaltende Franzosenfreundlichkeit, aber auch die Behinderung seiner Arbeit – und dies ausgerechnet durch Kosegarten und seinen Schwiegervater Quistorp. In diese Zeit fällt auch das Verlöbnis mit Charlotte Bindemann, das diese aber bereits im Herbst 1810 wieder löste. In seinen ERINNERUNGEN AUS DEM ÄUßEREN LEBEN *wird diese Begebenheit gar nicht erwähnt.*

Im Sommer 1811 ging Ernst Moritz Arndt nach Trantow zu seinem Bruder. Er hatte um Entlassung aus seiner Greifswalder Stelle gebeten. Der Kanzler der Universität, Graf Essen, erfüllte den Wunsch und bestätigte dem Scheidenden, daß er „die ihm obgelegenen Dienstpflichten stets mit rühmlichen Eifer und Fleiß erfüllt hat".

Seine neue Lebenssituation sah Arndt so: Ich habe mein Leben nun hierher verpflanzt in die Stille. Ob es noch stiller werden wird und enger oder sich irgendwo und irgendwann nach außen wieder erweitern, das hängt nicht von mir ab, sondern von dem, was die Zeit und das Menschenherz regiert. Gott weiß es, ich suche mir ein reines freies Dasein, wie ich kann *[...]*.

Ob er sich dies so vorgestellt hat, wie es dann über ihn kam, ist anzuzweifeln. Im Januar 1812 reiste Arndt nach Berlin, um sich einen russischen Reisepaß zu besorgen, dort war doch noch Europa. Nie hatten meine Gedanken nach Amerika gestanden. *Noch auf der Rückfahrt erhielt er die Nachricht, daß die Franzosen in Schwedisch-Pommern einmarschiert seien und es tags darauf sicher überschwemmen würden. Wiederum bestand für ihn höchste Gefahr. Nach der Verabschiedung von Freunden und der Familie floh er nach Berlin. Die Seelenlage seiner Lieblingsschwester Charlotte Dorothea beim Abschied ist in einem Brief festgehalten: „Mein bester Moritz, auch ich sah den Mond und die schöne Morgenröte, als Du von uns gingst, und mir war es, als schwebten tausend Schutzengel über Dir. Karl Treu küßt dies Blatt, und ich und die Tante wünschen tausend Glück und Segen."*

In Berlin selbst herrschte Aufregung. Es wurde darüber diskutiert, was nun werden würde. Bei vielen Menschen machte sich Verzweiflung breit. Arndt kehrte in den Kreis zurück, den er drei Jahre zuvor kennengelernt hatte. Doch selbst Berlin konnte seine Sicherheit nicht mehr gewährleisten, nachdem Preußen am 24. Februar 1812 einen Bündnisvertrag mit Frankreich abgeschlossen hatte. Abermals hieß es Sachen packen und weiterziehen. Über Breslau ging es nach Prag. Dort wurde Arndt der Wunsch des Ministers vom Stein übermittelt, diesem nach Rußland zu folgen, um der Freiheitsbewegung mit seinen Mitteln – dem Einsatz des Wortes – zu dienen. Wie gelangte man aber sicher nach Petersburg? Arndt berichtet hierüber: Wir trieben einen kleinen Kaufmann auf, einen gebornen Wiener, der gewohnt war, als Schmuggler über das Riesengebirge und über die Karpaten zwischen Böhmen, Schlesien, Ungarn und Polen hin und her zu fahren. Dieser hatte eine Reise nach Brody vor. Ich erbot mich die Kosten derselben für ihn mitzutragen, wenn er mich als seinen Kommis oder Diener auf seinen Paß setzen lasse. So wurden wir handelseins.

Arndts Schilderung seiner Reise durch Rußland in seinen ERINNERUNGEN *läßt deutlich werden, wie er dieses ferne, fremde Land erlebte und wie es ihn beeindruckte.* Ende August 1812 fuhr ich in St. Petersburg ein und sogleich geradewegs zur Burg des Herrn Ministers Freiherrn vom Stein. Worin bestand seine Aufgabe? Ich bin hier von ihm in allerlei kleinen Schreibereigeschäften, zur Dublierung und Entzifferung von Briefen und Depeschen, zur Abfassung einzelner kleiner Flugschriften gebraucht worden, so wie bei den Angelegenheiten, welche die Errichtung der sogenannten Deutschen Legion betrafen.

Am 5. Januar 1813 reiste Ernst Moritz Arndt mit dem Freiherrn vom Stein aus St. Petersburg ab. Über Pleskow und Wilna führte der Rückmarsch nach Königsberg. Hier ent-

flammte sich sein Herz für die Frau seines Freundes Motherby, Johanna. Zahlreiche Briefe aus den folgenden Jahren liefern den Beweis für eine platonische Liebe.

Nächste Stationen waren Breslau und Dresden, wo Arndt bei Gottfried Körner, dem Vater des Dichters Theodor Körner, wohnte. Hier traf er auch mit Caspar David Friedrich und Johann Wolfgang von Goethe zusammen. Nach der Erledigung von Aufträgen in Berlin reiste Ernst Moritz Arndt im Mai 1813 für einige Tage zu seinem Bruder nach Trantow sowie nach Stralsund und auf die Insel Rügen, wo er sein Vaterland vom hohen Rugard mit Sehnsucht überschaut.

Die folgende Zeit ist noch von intensiver Arbeit für die Befreiung vom französischen Joch geprägt. Eine Vielzahl von Veröffentlichungen erscheint, darunter FÜNF LIEDER FÜR DEUTSCHE SOLDATEN, AN DIE PREUSSEN, KATECHISMUS FÜR DEN TEUTSCHEN KRIEGS- UND WEHRMANN, WAS BEDEUTET LANDSSTURM UND LANDWEHR?.

Der Sieg der antinapoleonischen Koalition in der Völkerschlacht bei Leipzig im Oktober 1813 ließ Arndts Herz in der Wonne schwimmen. *Wie er seiner Schwester im Juni mitteilte, war er danach vier Wochen in Geschäften bis an die holländische und französische Grenze unterwegs gewesen, um mit der Frage zu enden,* wo ich künftig seyn werde, weiß ich noch nicht; aber ich hoffe, du und Goldgroß und der Treu werden dann mit mir Leben.

Tatsächlich war angesichts von Arndts Lebenssituation nicht abzulesen, wohin es gehen würde. In der ersten Hälfte des Jahres 1814 hielt er sich in Frankfurt/Main, Koblenz, Köln, Aachen, Düsseldorf und Mainz auf. Im Juli teilte der Staatskanzler, Fürst Hardenberg, ihm bei einer Begegnung mit, daß er auf Grund seiner „Verdienste, die er sich durch seine Schriften um die Sache des deutschen Vaterlandes und eben hierdurch um den preußischen Staat erworben habe", eine angemessene Stellung erhalten sollte. Von Gneisenau erfuhr Arndt am 17. Januar 1815: „Über Ihre künftige Bestimmung habe ich mir gedacht, daß man Sie bei der Universität zu Köln als Professor der Geschichte anstellen müsse wegen des großen Nutzens, den Sie an dieser Stelle auf die Bildung der jungen Gemüter leisten können." Noch gab es diese Universität allerdings nicht, und außerdem stand als möglicher Standort auch Bonn zur Auswahl.

In dieser Situation reiste Arndt im März 1815 nach Pommern und Rügen. Die Nachricht über die Rückkehr Napoleons von seiner Verbannungsinsel Elba jedoch veranlaßte ihn, die Rückreise nach Berlin anzutreten. Seinem Schwiegervater Johann Quistorp schrieb er am 19. April: Wir fahren heute mit frohem Muthe über die Peene und werden unser Leben so einzurichten suchen, daß wir unsern Freunden keine Schande machen.

Der Jubel über die Niederlage Napoleons bei Waterloo war verklungen, als Arndt aus Köln am 21. Juni 1815 seiner Schwester mitteilte: Ich bleibe wohl fürs Erste hier, wo ich theils mir selbst allerlei zu thun mache, theils mir zu thun gemacht wird. *Nachdem er seinen Sohn Karl Treu im Frühjahr 1816 auf das Gymnasium nach Düsseldorf gebracht hatte, wanderte Arndt über Koblenz, Mainz, Frankfurt/Main, Kassel und Berlin in die Heimat. Einen Teil des Sommers verbrachte er in Dänemark. Nach Putbus zu seinem Bruder Wilhelm zurückgekehrt, fuhr er Ende September mit Friedrich Schleiermacher, dessen Frau und ihrer Schwester Maria Louise – „Nanna" genannt – über die Insel Rügen. Der mittlerweile 47jährige Arndt verliebte sich in Nanna.*

Ernst Moritz Arndt begleitete eine weitere wichtige Person über die Insel – den Staatskanzler Fürst Hardenberg.

Im März 1817 packte Arndt seine Sachen – für den Rhein [...], für welchen ich bestimmtere Versprechungen hatte. Im Frühling des Jahres 1817 ward in Berlin, im Sommer am Rhein gelebt, an dessen Gestaden ich mich im Herbst 1817 in Bonn ansiedelte, der künftigen Universität wartend, an welcher ich lehren sollte. *Es ist also nicht verwunderlich, daß Arndt auf Veranlassung des Staatskanzlers Hardenberg sich in der Denkschrift* KÖLN UND BONN ALS PREUSSISCHE UNIVERSITÄTSSTÄDTE BETRACHTET *für Bonn aussprach.*

Nach der Verlobung im April, heiratete er am 18. September 1817 Nanna Schleiermacher in Berlin und reiste mit ihr über Frankfurt/Main nach Bonn. Damit endete ein wesentlicher Abschnitt im Leben Ernst Moritz Arndts. Der künftige sollte allerdings auch genügend Prüfungen für ihn und seine Familie bereithalten.

Es begann gleich damit, daß seine Bibliothek auf dem Wasserweg von Stralsund nach Köln zu Zweidritteln verloren ging. Außerdem war der Verlust von 4000 Talern durch Leichtsinn und Gewissenlosigkeit anderer *zu beklagen. Schließlich wurde das erste gemeinsame Kind, eine Tochter, am 24. Juni 1818 tot geboren.*

Positiv dagegen war die Ernennung von Ernst Moritz Arndt zum ordentlichen Professor der neueren Geschichte an der Universität Bonn durch Staatskanzler Hardenberg. Im ersten Personal- und Vorlesungsverzeichnis sind 1500 Taler Jahresgehalt für ihn ausgewiesen. Doch die Freude währte nicht lange. Das Erscheinen des vierten Teiles von GEIST DER ZEIT *löste Untersuchungen der preußischen politischen Polizei gegen ihn aus. Selbst der Arndt sonst freundlich gesinnte Har-*

denberg äußerte sich abweisend: „Erst jetzt ist dieses pöbelhafte Buch zu meiner Kenntnis gekommen und ich bin der entschiedenen Meinung, daß er nicht als Lehrer der Jugend anzustellen, sondern von Bonn zu entfernen sei." Der preußische König Friedrich Wilhelm III. bekundete in einer Kabinettsorder vom 11. Januar 1819, daß Arndt die in ihn gesetzten Erwartungen nicht erfüllt hätte, denn „das Buch enthalte wenigstens ganz unschickliche und unnütze Dinge, die besonders einem Lehrer der Jugend übel anständen und nachteilig auf die Jugend wirken könnten. S. Majestät seien zwar nicht gemeint, eine freie Diskussion zu beschränken, erteilten aber dem Minister der geistlichen Angelegenheiten den Auftrag, ihn zu warnen und aufzufordern, künftig vorsichtig zu sein, indem S. Maj. auf den preuß. Universitäten keine Lehrer dulden könnten, die Grundsätze wie die in dem vierten Teil des Geistes der Zeit enthaltenen aufstellten, und daß er bei der ersten ähnlichen Veranlassung von seiner Stelle entfernt werden würde." Am 30. Januar übermittelte der Kurator der Bonner Universität Ernst Moritz Arndt den Inhalt der königlichen Kabinettsorder, nachdem diese zuvor aber schon an allen preußischen Universitäten bekannt gemacht worden war.

In dieser nervenaufreibenden Zeit gab es aber privates Glück, wie einem Brief Arndts an seine Schwester Charlotte Dorothea vom 19. Juni 1819 zu entnehmen ist: Viktoria und abermal Viktoria! Meine Frau hat gestern recht einen Siegesschuß gethan und sich mit einem Siegerich eingestellt *[...].* Es ist ein dicker, breiter Bube und er hat es ihr etwas sauer gemacht.

Einen Monat später wurde Arndt für einen halben Tag verhaftet. Eine Sonderkommission der politischen Polizei durch-

suchte seine Papiere und beschlagnahmte davon einen Großteil. Das Ende der gegen Arndt gerichteten Maßnahmen bestand in der Suspendierung von seinem Lehramt an der Bonner Universität am 10. November 1820. Die Karlsbader Beschlüsse vom August 1819 lieferten die rechtliche Grundlage. Vorgeworfen wurde ihm die „Teilnahme an revolutionären Umtrieben und der Mitwirkung zur Erregung der Unzufriedenheit mit den Regierungen und der Unruhen im Volke im allgemeinen und in speziell gewaltsamen Revolutionen."

In seinen ERINNERUNGEN *schreibt Arndt 1840 im Rückblick:* Im Herbste des folgenden Jahres 1820 bin ich in meiner amtlichen Wirksamkeit still gestellt und einer langen gerichtlichen Untersuchung unterworfen worden. Ich habe durch sie und ihre Folgen mehrere schöne Jahre verloren, wohl die letzten, in denen mir noch einige Kraft übrig blieb. In meiner Wirksamkeit gehemmt bin ich geblieben, Wiederherstellung in meine Amtstätigkeit hab ich nicht erlangen können, bin endlich mit Beibehaltung meines vollen Gehalts in den Ruhestand gesetzt worden.

Diese schwierige Zeit erlebte Familie Arndt bereits in dem im Oktober 1819 bezogenem Haus „Lülo" vor den Toren Bonns mit Blick auf das Siebengebirge. Dieses Haus füllte sich in den folgenden Jahren mit Nachwuchs: 1821 Ludwig Roderich, 1822 Gottfried Heinrich Leubold, 1824 Friedrich Hartmut, 1825 Gustav Willibald, dessen Tod – er ertrank neunjährig im Rhein – Arndt der Verzweiflung nahe brachte, sowie 1827 Nanna Wilhelmine Dorothea Mathildis.

Ernst Moritz Arndt blieb auch in den folgenden Jahren aktiv, was durch Publikationslisten und Brief-Editionen zu beweisen ist. Natürlich ließ er auch nichts unversucht, sein Recht zu erkämpfen, doch der Erfolg hierbei blieb lange aus.

HAUS „LÜLO“ IN BONN

Im Jahr 1840 – Arndt zählte 71 Jahre – überschlugen sich die Ereignisse. Per Kabinettsorder des neuen preußischen Königs Friedrich Wilhelm IV. vom 2. Juli wurde er wieder in sein Amt eingesetzt und erhielt seine beschlagnahmten Papiere zurück. Glück du kommst zu spät! – *lautete sein Kommentar. Stadt und Universität Bonn zeigten sich sehr erfreut über die Entwicklung. Die Studenten führten Arndt zu Ehren einen Fackelzug durch. Für das Amtsjahr 1840/41 wurde er gar zum „Rector magnificus" gewählt und am 18. Oktober in sein Amt eingeführt. Der preußische König ehrte Ernst Moritz Arndt im Januar 1842 mit dem „Roten Adlerorden". Sein Kommentar hierzu:* Der König hat mich geadlert, das ist wie eine Blume aufs Grab gelegt.

In einem Brief an seine Schwester zieht Arndt 1844 ein bemerkenswertes Fazit seines bisherigen Lebens: Wie werden die Menschen und ihre Schicksale von Gott umher geworfen, und wie ist mein Leben geworfen und geworfelt worden! Doch kann ich nur mit Dank und Demuth zu dem ersten und letzten Lenker und Werfer emporblicken, daß er mit mir gewesen ist und mich einen guten und redlichen deutschen Kampf hat kämpfen lassen und mir den Muth und Verstand gegeben, der sich politisch nimmer in Eitelkeit und Wirrwarr verloren hat. Nun ist eine neue Zeit da, worin ich nur noch mit einem Fuß stehe. Sie wird ja auch ihre Enden und Ziele finden; mein Herz weissagt doch bei allem tollen Gewirr und Geschrei dem deutschen Vaterlande Aufsteigen. Aber unsere Kinder und Enkel werden und müssen zu ihrer Zeit auch ihre Plage haben; und das ist dem armen Sterblichen gar nütze, wenn es nur Plage und Arbeit um das Gute und Rechte ist.

Vier Jahre später engagierte sich der nunmehr 78jährige Arndt nochmals politisch – in den Tagen der Revolution von 1848. Seiner Schwester schrieb er: Wir stehen hier oft auf ordentlicher Rednerbühne in der großen Ulanenreitbahn, wo oft 1500 bis 2000 Menschen zusammengedrängt sind. *[...]* ich bin oft atemlos von vielem Reden, Schreiben, Arbeiten und Schwatzen mit Narren und Weisen, die mich überlaufen, und ich muß mich selbst bewundern, daß ich's noch leidlich durchtrage! *Arndt nahm sogar die Wahl zur deutschen Nationalversammlung an, die ihm gleich aus vier unterschiedlichen Wahlkreisen – darunter Stralsund – angetragen worden war. Im Mai reiste er zur Eröffnung der Nationalversammlung nach Frankfurt, vor der er sich in einer kurzen Ansprache äußerte. Die Mitglieder sangen sein Lied* WAS IST DES DEUTSCHEN VATERLAND? *und huldigten ihm für sein patriotisches Wirken.*

Arndt gehörte zu den Abgeordneten, die dem preußischen König Friedrich Wilhelm IV. nach Beschluß der Nationalversammlung mitteilten, daß er zum deutschen Kaiser gewählt worden sei. Dessen Ablehnung führte dazu, daß 65 Abgeordnete, darunter Arndt, aus der Nationalversammlung austraten. Am Tag vor seiner Abreise schrieb er an Dr. Heinrich Kruse: Ich fahre von hier, drücke ihnen freundlich die Hand und wünsche Muth und Lust auf Ihrer Bahn. Ich kehre in mein stilles Haus zurück. Die letzten Monate hier waren unerträglich. Indessen ich kann mich trösten, meine Pilgerschaft läuft ja ohnehin zum Schluß. Meine Hoffnungen aber schließen sich noch nicht; endlich wird doch, wenn auch mit manchen Zwischenerschütterungen, das Beste erlangt werden. Kommt mir in Bonn mal etwas zu Kunde und zu Kopf, was mir für Sie brauchbar scheint, so werde ich es Ihnen senden. *Also kein Wort von Ruhe und Rückzug, das belegen die von Arndt erschienen Beiträge und Publikationen der nächsten Jahre. In seinem 85. Lebensjahr beendete er seine Vorlesungstätigkeit an der Bonner Universität!*

Viel Ehre wurde ihm noch zu Lebzeiten zuteil. Die Universität Greifswald weihte anläßlich der 400-Jahrfeier der Universität das Rubenow-Denkmal ein – Rubenow hatte 1456 die Universität gegründet. Arndt wurde als Vertreter der Philosophischen Fakultät auserkoren und auf dem Denkmal dargestellt. Zur Einweihungsfeier reiste er allerdings ebensowenig wie zur 300-Jahrfeier der Universität in Jena 1858 und auch nicht 1859 nach Freyburg/Unstrut zur Einweihung eines Denkmals für Friedrich Ludwig Jahn.

Zu seinem 90. Geburtstag wurde Arndt nochmals mit unzähligen Glückwünschen und Ehrungen überflutet, die ihn veranlaßten festzustellen: Meine Brust schlägt in diesen Tagen keinen andern Takt und Puls als Dank! Dank! *Seinen Zustand nach den Feierlichkeiten teilte er Prof. Zober in Stralsund am 12. Januar 1860 mit:* Ich bin müd und matt diese jüngsten Wochen durch ein Gedränge von Menschen Briefen Ehren Gaben und Freunden, die auf mein altes schneeweißes Haupt gefallen waren.

Am 29. Januar 1860 starb Ernst Moritz Arndt in Bonn am Rhein.

Die folgenden Texte Arndts sind den am Ende aufgeführten Quellenpublikationen entnommen. Ausdruck und Rechtschreibung entsprechen der Wiedergabe in den Editionen. Bei Briefzitaten werden der Entstehungsort, das Datum, der Empfänger und durch einen Schlüssel die Quelle genannt. Wo erforderlich, erfolgen in eckigen Klammern Erläuterungen. Eine Vollständigkeit der Aussagen Arndts über Rügen wurde nicht angestrebt. Ziel war es, seine Verbindungen zur Insel, seine Erlebnisse, seine Erfahrungen, Beobachtungen und Reflexionen auf anschauliche Weise darzustellen.

Geburt und Eltern

Aus: Erinnerungen aus dem Äußeren Leben

Am Schlusse des zweiten Weihnachtstages des Jahres nach der Erscheinung unsers Herrn Jesu Christi 1769 habe ich zuerst das Licht dieser Welt erblickt, und zwar als ein Wohlgeborner und Hochgeborner, und nach der Meinung Einiger auch als ein Glücklichgeborner. Wohlgeboren konnte ich heißen, weil ich stark und gesund an das Licht dieser Welt fiel, zumal ich schon mit dem neunten Monat meines Alters gelaufen bin, was einige meiner Söhne mir nachgemacht haben; Hochgeboren, weil das Haus meiner Geburt damals durch eine hohe stattliche Treppe und durch Jugendlichkeit und Schönheit ein sehr ritterliches und hochadliches Ansehen hatte, und in seinen Sälen und Gemächern mit den Geschichten der griechischen Mythologie, ja mit dem ganzen Olymp, Jupiter und Juno mit Adler und Pfau an der Spitze, verziert war; Glücklichgeboren, weil Glaube und Aberglaube den an hohen Festen Hervorgekommenen allerlei Vorzügliches und Wundersames, als da sind Wahrsagen, Gespenstersehen usw. beizulegen pflegt.

O S T S E E
TROMPER
WIEK
PROHNER
WIEK
GINGST
BERGEN
STRALSUND
GARZ
GREIFSWALD
Erklärung der Zeichen

REISEKARTE VON DER INSEL RÜGEN, ENTWORFEN UND IN STEIN GRAVIERT VON FRIEDRICH VON HAGENOW; 1835

Wie es nun auch um alle diese Geborenheiten stehen mag, die Wahrheit bekennend muß ich aussagen, daß der Stamm, aus welchem ich entsprossen bin, unter anderm niedrigen Menschengesträuch ganz tief unten an der Erde stand, und daß mein Vater kein besserer Mann war, als der Vater des Horatius Flaccus weiland, nämlich ein Freigelassener. Er hieß Ludwig Nikolaus Arndt, und war zu jener Zeit Verwalter der sogenannten Schoritzer Güter. Meine Mutter hieß Friederike Wilhelmine Schumacher. Jene Güter, von welchen meine Geburtsstätte Schoritz der Hauptsitz war, bestanden aus einem halben Dutzend größerer und kleinerer Höfe und einigen Bauerdörfern, und mein Vater war eine Art Oberverwalter und führte den Namen Herr Inspektor, und seine nächsten Unterleute hießen Schreiber. Dieser Besitz und ein großer Theil der Güter auf der angränzenden Halbinsel Zudar waren weiland Lehen des rügenschen adlichen Geschlechts der von Kahlden. Ein sehr reicher Herr von Kahlden hatte das damals noch junge und schöne Haus auf dem Rittersitze Schoritz um die Mitte des achtzehnten Jahrhunderts gebaut, seinen schönen Besitz aber um die Zeit des siebenjährigen Krieges an einen General Grafen von Löwen verkauft, schwedischen Generalstatthalter über Pommern und Rügen, und hatte dafür andere große Güter in Pommern wieder erworben. Er war aber durch Krieg und unverständige Wirthschaft zuletzt in schlechte Umstände gerathen, und mußte nun hier in Schoritz, wo er den schönen Hof und Garten und mehrere Parks gebaut und angelegt hatte, eine Rolle spielen, welche der Volksglaube gewöhnlich Solchen beilegt, die durch schwere und gräuliche Unfälle gegangen sind. Mir hat er die ersten kalten und heißen Gespensterschauer durch den Leib jagen müssen: denn er machte in einem grauen Schlafrocke, mit einer weißen Schlafmütze auf dem Kopf und ein paar Pistolen unter dem Arm abendlich und mitternächtlich häufig die Runde auf seinem Hofe, indem er zwischen den beiden Scheunen über den Damm, der auf das Haus hin führte, langsam in das unterirdische Haus und die Keller marschirte und von da herausschreitend durch das Gartenthor ging, wo er die Bienenstöcke musterte und dann verschwand. Dieser war das Gespensterschrecken; aber ein zweites gespenstisches Schrecken, womit der abentheuernde Mund des Gesindes meine und meiner Brüder jugendliche Fantasie fütterte, waren ein paar mächtige goldige Wasserschlangen, welche in dem großen Teiche hinter der Scheune hausen und den Kühen gelegentlich die Milch absaugen sollten. Von dem General Löwen hatte die Güter der Graf Malte Putbus gekauft, aus dem vornehmsten und ältesten Rittergeschlecht in der ganzen schwedisch-pommerschen Landschaft, Erblandmarschall des Fürsthentums Rügen und Präsident der Regierung in Stralsund.

Mein Vater, im Jahr 1740 geboren, war der Vorjüngste von vielen Geschwistern, und Sohn des unthertänigen Schäfers Arndt zu Putbus und Darsband *[...]*. Auf diese Weise ging mein Vater von seinem achtzehnten bis fünfundzwanzigsten Jahre durch eine tüchtige Schule des Lebens, und hatte sich bei dem Aufenthalte in großen Städten und unter fremden Menschen, obgleich nur ein dienerlicher Mann, die Art eines gebildeten und gewandten Mannes zugeeignet. Bei seinem Herrn aber hatte er schon in den ersten Jahren seines Dienstes die Gunst gewonnen, daß er ihn frei ließ und ihn zu Hause in Putbus in Geschäften der Landwirthschaft und Schreiberei gebrauchte, bis er ihn zum Inspektor der Schoritzer Güter machte.

Kurz, er war ein hübscher anständiger Mann, wenigstens für das Ländchen Rügen, wie die Menschenkinder dort damals mit einander verkehrten, und hielt mit den würdigsten Geistlichen, Beamten und kleineren Edelleuten der Nachbarschaft Umgang. Man behalf sich da, wie die arme Zeit, wo alles äußerst wohlfeil und das Geld also sehr theuer war, mit der leichten nordischen Gastlichkeit, welche in unserer Landschaft durch die schwedischen Sitten, woran sie sich in anderthalb Jahrhunderten hatte gewöhnen müssen, vielleicht im ganzen Norddeutschland die frohherzigste war. In Jagd, Spiel und Verkehr ging alles auf das freundschaftlichste und herzigste mit einander um.

Meine Mutter, im Jahr 1748 geboren, war die Tochter eines kleinen Ackerbesitzers und Landkreyers in dem Kirchdorfe Lanken *[...]*. Sie war aber wohl die Krone von allen, ernst, fromm, sinnig und muthig, und durch keine Geschicke so zu beugen, daß sie die Klarheit und Besonnenheit verloren hätte. Sie steht mir noch heute mit ihren schönen großen, blauen Augen und ihrer prächtigen breiten Stirn, als wenn sie leibte und lebte, lebendig gegenüber.

Altenkirchen, den 1. Dezember 1796; an die Mutter Wilhelmine Friederike [DI]

Meine süße Mutter, Alle Mahle, daß ich Ihren Brief gelesen habe, habe ich weinen müssen, wie ein Kind, und bin doch sonst ein Mann und vielen Leuten ein rauher Mann. Ich las den Sonnabend Abend vor dem Empfang Ihres Briefes die Zwillinge von Klinger, wo eine arme Mutter recht sehr unglücklich ist. Das Stück ist groß und herzdurchbohrend, mir waren die Thränen oft nahe. Da dachte ich so an alle die Sorgen und den Kummer des menschlichen Lebens, und wie man sich es oft so schwer macht, wenn man recht froh seyn könnte; mir fiel es ein, wie ich meinen Vater nicht ganz wohl und munter verlassen hätte, und wie ein Pfeil schoß es mir durchs Herz, was in W. Meisters Lehrjahren irgendwo von dem Vater steht: ach der wackere und brave Mann war sein ganzes Leben thätig gewesen für die Seinen, und war doch desselben nie recht froh geworden; und wie Wilhelm es nun bedenkt, da er nicht mehr ist der brave Mann, wie er zu Hause hätte manches anders machen, manches besser genießen sollen. In dieser fröhlich wehmüthigen Stimmung kam Ihr Brief und beugte mich tief durch Ihren Schmerz. Alles ist mir noch immer wie ein Traum, obgleich ich nichts Grausendes und Jammervolles darin finde. Frisch und frei, wie ich ins Leben hineinsehe, das ich darum für kein Rosenwandeln halte, dünkt mich der Mensch und die Erde allenthalben des Herren. Bloß Muth gebraucht's, den väterlichen Herd zu verlaßen, und Thränen kostet es und erfreut auch durch eine liebliche Sehnsucht, wenn man von geliebten und ehrwürdigen Menschen fern seyn muß. O ihr guten Ältern, heilig sind eure Sorgen und Thränen, es sind glühende Kohlen auf den Häuptern der Kinder, aber sie sind es auch in ihren Herzen, euer Andenken ruhet bei den Guten, wenn ihr lange nicht mehr seid, und der Gute dort oben die Flecken des Irdischen von euch abgewischt hat. Der Himmel segne Sie, Mutter, und gebe Ihnen viele Jahre und Freuden! Ach unsre Mütter behielten uns gerne immer alle um sich, aber viele müssen oft in die Welt weit umher gesichtet werden. Wer ist seines Schicksals immer Meister? Weiß ich, was ich um ein Jahr für Einfälle und Entschlüsse haben kann? Ich wußte nicht, woher ich komme, ich weiß nicht, wohin ich gehe; aber wie ich gehe, das muß ich wissen.

Greifswald, den 16. Mai 1798; an den Vater Ludwig Nikolaus [DI]

Mein lieber Vater. Eben komme ich mit einer Gesellschaft meiner alten Freunde und Bekannten von Billroth zu Hause und finde trotz der Umnebelung meines Kopfes diese Stunde einzig geschickt, an Sie, lieber Vater, noch einige Worte zu schreiben. Ich empfinde und fühle es selbst am tiefsten, wie ich die letzten 14 Tage in meinem älterlichen Hause nicht gewesen bin, wie ich hätte seyn sollen. Ich habe einmal das Unglück, in einer sehr tief empfindenden Brust ein verschlossenes Herz zu bewahren, sobald es auf Worte ankömmt. Daß aber das väterliche Haus mir immer das liebste auf der Welt gewesen ist, daß ich daraus Kraft und Entschlossenheit zu allem Guten und Rechten geschöpft habe, daß ich meine Ältern und Geschwister auf das herzlichste liebe und ehre, und nie etwas thun werde, das Ihnen Schande machen könnte, das glauben Sie mir auch ohne Worte. Die Zeit meiner Abwesenheit geht bald zu Ende, und wohin mich auch mein Schicksal schlagen mag, doch werde ich Sie alle munter und fröhlich wieder sehn, und Ihnen dann vielleicht am besten für die unendliche Liebe und Güte danken, womit Sie mich von jeher, Gott weiß wie sehr ohne mein Verdienst, erfreut und beglückt haben. Ich weiß es, mein Leben wird voll Mühe und Arbeit seyn; aber nur dann werde ich verzweifeln, wenn mir der Trost eines guten Gewissens fehlt.

Kindheitserinnerungen

Aus: ERINNERUNGEN AUS DEM ÄUẞEREN LEBEN

Es gab keine Schule in der Nähe, und ein rechter studierter Hauslehrer wäre ihnen zu theuer geworden. Einmal kam freilich einer an, ein alter verlegener Kandidat, Sohn eines Kantors in der Stadt Bergen, Namens Herr Krai. Ich erinnere mich dieser Krähe noch mit Schaudern. Er war früher mit unserm werthen Hausfreund, Herrn Pastor Krüger zu Swantow, mehrmals als Gast bei uns gewesen, wo wir über seinen wunderlich zugeknöpften Rock und seine gelbe Paruke gelacht hatten: ein langer dürrer griesgrämischer Mensch mit einer ungeheuren Nase und tiefliegenden schwarzen Augen. Welche Angst aber, als er wirklich bei uns einzog und uns in seinem kleinen Zimmer zusammenkniff! Da waren die wilden Vögel eingefangen. Aber diese Angst nahm glücklicher Weise ein baldiges Ende. Er verließ unser Haus zu unserm Jubel etwa nach acht Tagen, indem er meinen Vater in einem Briefe erklärte: er könne nicht bleiben, wo man dem Lehrer der Kinder so wenig Achtung erweise, meine Tante Sofie habe ihn einen guten Morgen kaum angeknixt, und meine Mutter habe gestern statt Herr Krai, wie sich gebühre, lieber Krai gesagt. Indessen liefen wir doch nicht wie die rohen Wildlinge herum, sondern wurden, wie ich noch meine, für dieses Alter vom sechsten bis zehnten Jahre recht gut erzogen. Man höre:

Mein älterer Bruder Karl – ich war der Zweite – ward auf ein paar Jahre nach Stralsund geschickt, wo er im Hause des ältesten Mutterbruders, Friedrich Schumacher, wohnte und in die Schule ging. Ich weiß noch, welch Erstaunen und Schrekken wir hatten und wie sich die Geschichte bald in brüderlichen Spaß auflöste, als der Junge nach einem halben Jahre einmal zu Hause kam und anfangs nicht anders als in hochdeutscher Zunge sich mit uns zu unterreden herabließ. Denn das Hochdeutsche waren wir bisher nicht anders als von den Kanzeln oder bei'm Vorlesen aus Büchern oder bei feierlichen Gelegenheiten in den ersten Bewillkommnungen der Besuchenden zu hören gewohnt gewesen. Wir blieben aber dabei gar nicht hinter ihm: nämlich ich und Bruder Fritz, der Dritte in der Reihe. Die Ältern hielten den Herbst und Winter, wo sie am meisten Muße hatten, ordentlich Schule mit uns; Schreiben und Rechnen lehrte der Vater, und die Mutter hielt die Leseübungen, und machte unsre jungen flatternden Geister durch Erzählungen und Mährchen lebendig, die sie mit großer Anmuth vorzutragen verstand. Das Lesen ging aber in den ersten Jahren fast nicht über Bibel und Gesangbuch hinaus; ich mögte sagen, desto besser für uns. Sie war eine fromme Frau und eine gewaltige Bibelleserin, und ich denke, ich habe die Bibel wohl drei vier Mal mit ihr durchgelesen. Das Gesangbuch mußte auch fleißig zur Hand genommen werden, und den Samstag Nachmittag mußten die Jungen unerlaßlich entweder ein aufgegebenes Lied oder das Sonntagsevangelium auswendig lernen. Das geschah, weil sie eine

FRIEDERIKE WILHELMINE ARNDT, GEBORENE SCHUMACHER –
DIE MUTTER ERNST MORITZ ARNDTS

sanfte und liebenswürdige Schulmeisterin war, mit großer Freude und also mit großem Nutzen. Muße aber hatte sie ungeachtet einer nicht starken Gesundheit, der vielen wilden Kinder und der großen Wirthschaft, die mit Sparsamkeit geführt werden mußte, mehr als die meisten andern Menschen. Wann alles längst vom Schlaf begraben lag, saß sie noch auf und las irgend ein frommes oder unterhaltendes Buch, ging selten vor Mitternacht zu Bette, und war im Sommer mit der Sonne wieder auf den Beinen. Weil ich nun auch ein solcher Kautz war, der selbst im Knabenalter wenig Schlaf bedurfte und deswegen Lerche (Lewark) zugenannt war, so habe ich in jenen Kindertagen und auch später noch manche Abende und Nächte bis über die Gespensterstunde hinaus mit ihr durchgesprochen und durchgelesen.

Es war wenigstens auf der Insel Rügen damals noch die Zeit des ungestörten christlichen Glaubens, und meine guten Ältern und die Base Sofie, meiner Mutter jüngste Schwester, welche mit uns lebte, waren treue fromme Menschen [...]. Keinen Sonntag ward die Kirche ohne den gültigsten Grund versäumt, bei schlechtem Wetter hingefahren, bei schönem und im Sommer hingegangen, wo der Vater denn seine älteren Buben neben sich herlaufen ließ. Diese durften aber auch bei keiner Katechismusprüfung in der Nachmittagskirche nicht fehlen, sondern mußten zum zweiten Mal über Feld laufen. Wann der Vater dann nicht mitging, so gab er uns seinen alten Großknecht zum Führer, einen christlichen biblischen Mann, Jakob Nimmo mit Namen, der mein besonderer Beschützer war. Weil ich kleiner zehnjähriger Junge mich nämlich damals eines sehr guten Gedächtnisses erfreute und großen Eifer und viel Belesenheit in der Heiligen Schrift hatte, so prangte ich durch die Stelle, die mir der Magister eingab, bei der Kinderprüfung in der Kirche an der obersten Stelle, und hatte viel größere Jungen und Dirnen, unter andern auch meinen älteren Bruder Karl und ein paar große Fräulein mit mächtigen Lockengerüsten, eine von der Lanken und eine von Barnekow unter mir. Weil ich nun bei'm Aufsagen und Vorlesen große Zuversicht hatte und es da, wie blöd ich sonst auch war, wie aus einer Trompete aus mir herausklang, so rechnete der alte treue Jakob sich das gleichsam zu seiner Ehre an, und ging wie triumphierend mit mir zu Hause.

Frühling und Sommer gingen freilich nicht ganz ohne Schule hin, indessen war die Schule unter den Gespielen in Feld und Wald und auf Wiesen und Haiden und unter Blumen und Vögeln wohl die beste. Doch ließ der Vater uns nicht immer bloß wild und wie auf's liebe Ungefähr herumlaufen, sondern wußte es meistens so einzurichten, daß wir bei dem Herumspringen und Herumspielen irgend etwas auszurichten und zu bestellen hatten. In der Zeit aber, wo auf dem Lande alle Hände angestrengt zu werden pflegen, mußten wir älteren Buben nach unsern kleinen Kräften auch schon mit heran, nämlich in der Zeit der Saat und der Ärndte, vorzüglich in der letzteren. Da ward ich wohl zuweilen ein göttlicher Sauhirt oder Kuhhirt und mein Bruder Karl, der Rossetummler, der eigentlich den mir abgestrittenen Namen Philipp hätte haben sollen, ein flinker Rossehüter. Ich ärndtete wegen meiner sorgsamen Gewissenhaftigkeit nicht miszuhüten auch hier Lob ein, und noch leuchten mir die ersehnten leuchtenden Abendröthen, wo ich fröhlich meine Kuhherde in den Hof trieb und dann geschwind in der Dämmerung noch auf einen Apfel- oder Kirsch-Baum kletterte, wo ich süße Beute für mich wußte. Meistens aber hatte die freundliche Base Sofie schon für mich gepflückt und aufgehoben.

Unser gewöhnliches Kinderhausleben ward durch die Sitte der damaligen Zeit, durch die Umstände der Familie und durch den Karakter der Ältern bestimmt. Die Sitte war damals beides feierlich und streng und Kinder und Gesinde wurden bei aller Freundlichkeit und Gutherzigkeit der Ältern und Herrschaften immer im gehörigen Abstande gehalten. Es ward selbst in den unteren Ständen im Allgemeinen eben so sehr, als man sich jetzt lotterig oder ungezogen gehen läßt, nach einer gewissen Vornehmigkeit und Zierlichkeit gestrebt. Der Vater war von Natur zu gleicher Zeit heftig und lebhaft und freundlich und mild, tummelte und beschäftigte die Jungen meist draußen herum, im Hause aber überließ er sie, wie es in diesem Alter seyn mußte, fast ganz der Mutter. Die Mutter war von Karakter ernst und ruhig und eine Seele, die auf Schein und Genuß gar keinen Werth legte, auch kein Bedürfniß davon hatte. Diese Frau, welche ihre irdischen Sorgen und Geschäfte so treu und eifrig erfüllte, lebte doch fast wenig von irdischer Luft und irdischem Stoff. Kein Kaffee, kein Wein noch Thee ist fast jemals über ihre Lippen gekommen, Fleisch hat sie wenig berührt, sondern sich von Brod, Butter, Milch und Obst ernährt. Dieses mäßige Leben ward auch für die Kinder zur Regel gemacht, und wir älteren Bursche sind fast streng erzogen worden. Eben so wenig ward uns in Beschuhung und Bekleidung Weichlichkeit gestattet. War bei einem Nachbar, auch wohl bei einem Freunde, der wohl auf einer Meile Entfernung von uns wohnte, etwas zu bestellen, der Vater schrieb das Briefchen, das zahme Rößlein ward gesattelt, der Junge drauf gesetzt, und ohne Mantel und Überrock, es mogte Sonnenschein oder Regen und Schneegestöber seyn, mußte er mit seinem Gewerb fortgaloppiren. Ja der Vater noch jung und kräftig, fühlte mit unserer Pimplichkeit kein weichliches Mitleid. Fuhr er im Winter Stunden weit mit klingendem Einspänner-Schlitten zu Verwandten oder Freunden, so mußten die älteren Buben zur Seite oder hinten aufhucken, und, wenn sie fror, nebenbei springen, um sich zu erwärmen. Ja, mich erinnert's, wie ich als ein Junge von neun oder zehn Jahren im fremden Hause auf einem Stuhl oder Bett eingeschlafen lag, während die Männer Karten spielten; wie der Vater mich dann um elf oder zwölf Uhr Nachts aufrüttelte und ich schlaftrunken in den Schlitten hinaus mußte; wie er dann zum Spaß recht absichtlich mehrmals umwarf, daß ich mich im Schnee umkehren mußte; wie ich denn auch immer alert seyn mußte, wenn wir durch Koppeln und Dörfer kamen, die Schlagbäume zu öffnen. Wehe mir, wenn ich, mich aus dem Schnee herauswühlend, eine weibisch plinsende Gebärde gezeigt hätte!

Nur eine einzige bittere Erinnerung nahm ich mit, und zwar die Erinnerung der ersten lügenhaften Ungerechtigkeit, die an mir gefrevelt ist und die auf lange hin einen tiefen Stachel in mir zurückgelassen hat. Denn des Unrechts, das ein lieber freundlicher Vater den Kindern ein paar Mal mit dem Stock und der Ruthe angethan hat und das nach dem Brauche jener Zeit ein ziemlich allgemeines Unrecht war, will ich nur kurz gedenken. Dieses Unrecht bestand darin, daß der kleine Trotzkopf, wann er gezüchtigt ward, nicht weinen noch viel weniger für die erlittene Strafe sich bedanken und handküssen wollte; weswegen er in Verhältniß gegen seine thränenreicheren Brüder gewöhnlich die doppelte Bescherung erhielt.

Hier *[in Grabitz]* ging das Leben und die Weise, wie es mit uns und unsrer Erziehung und Unterweisung gehalten ward, im Ganzen so ziemlich nach dem Dumseritzer Zuschnitt fort; nur daß wir endlich in eine ordentliche Schule eingesperrt wurden. Es kam ein Hauslehrer, wahrscheinlich ein sehr wohlfeiler, weil kein theurer bezahlt werden konnte oder weil wir für einen solchen noch zu jung zu seyn schienen. Dieser, Herr Gottlob Heinrich Müller, hatte schon zehn Jahre und länger sogar die Söhne von Edelleuten und reichen Eigenthümern unterrichtet; wie sollte er denn für die Knaben eines armen Pächters nicht gut genug seyn? Herr Müller war ein Sachse aus dem Städtchen Chemnitz, hatte dort die Schule bis an den Studenten hinauf besucht, war aber nicht Student, sondern im siebenjährigen Kriege Soldat geworden. Ich glaube, er hat erzählt, die Preußen haben ihn zum Soldaten gepreßt, darauf die Schweden ihn gefangen, als schwedischer Unterofficier hatte er sich endlich zur Ruhe gesetzt und für den Korporalstock die Fasces des Orbilius ergriffen. Es war ein kleiner vierschrötiger Mann mit einem runden breiten Kopfe und buschigen weißen Brauen, unter welchen ein paar blitzende blaue Augen hervorfunkelten; trug immerfort Kamaschen, einen dick bepuderten mit zwei großen Locken gezierten und mit einem ellenlangen dünnen Haarzopf behangenen Kopf, und führte, wann er spazieren ging, ein langes spanisches Riet in der Hand; seine Bewegungen waren scharf und eckig, wie auf dem Paradeplatz, seine Haltung strack, seine Stimme hell, sein Blick funklig, sein ganzes Wesen Christlichkeit, Redlichkeit und Zorn. Er unterrichtete uns und die sehr hübsche und schelmische Tochter eines Nachbarn, des Herrn Lange, welche später an einen Pastor verheirathet worden, im Schreiben, Rechnen, Christenthum und etwas Geschichte und Erdkunde und einem bißchen Latein. Ich sage ein bißchen, denn er selbst wußte von allem kaum ein bißchen mehr. Das Facit war, wir lernten in den zwei Jahren, die der gute soldatische alte Mann bei uns war, fast wenig zu, wenn es nicht ein Vortheil war, daß das Sitzfleisch mit einiger Regelmäßigkeit eingeübt ward, und daß er mit seinem ächt sächsischen eifrigen Lutherthum und durch Gesang und Katechismus das äußerliche Christenthum in uns fester machte. Er war ein ächter Sachse, wie ich sie im Erzgebirge und Voigtlande später habe kennen lernen, ein eben so redlicher und gutmüthiger als auflodernder und zornmüthiger Mann, hatte dabei seinen alten Unterofficiers- oder Lehrer-Stolz, der das Pächtergeschmeiß – wie er uns freilich leise gelegentlich merken ließ – und besonders den ungehobelten Pöbel der Bauren und Tagelöhner tief verachtete.

Ich war indessen vierzehn Jahr und mein Bruder Fritz zwölf Jahr alt geworden, Karl war wieder nach Stralsund in die Schule geschickt. Herr Müller ward verabschiedet, und Herr Gottfried Dankwardt, Kandidat der Theologie, nahm seine Stelle ein. Zu dieser Veränderung hatten die Freunde meines Vaters, die Herren Stenzler und Krüger, und die Vorstellungen meiner Mutter den Anstoß gegeben. Dieser Herr Dankwardt war der Sohn eines Arztes aus der Stadt Barth in Pommern, damals etwa Fünfundzwanzigjähriger, ein kleiner, blonder, fröhlicher und beweglicher Mann, in seinem innersten Wesen voll Freundlichkeit und Frömmigkeit, obgleich von dem Geniewesen der Sturm- und Drang-Periode, welche in jenen Tagen von 1770 bis 1785 herrschte, stark angeweht und durchgeweht. Dies gab ihm manche Wunderlichkeiten und Schnurrigkeiten, welche wir Jungen wenig gewahrten, woran sich aber Mutter und Tante anfangs oft sehr stießen. Der Vater aber, der einen tiefen Sinn für alles Rechtschaffene hatte, nahm sich des Herrn Dankwardt treulich an, und stellte ihn bald im Hause in das rechte Verhältniß.

Dieser gute und liebe Mann ist drei Jahre unter uns geblieben und hat sein Leben und Wissen in Liebe und Treue mit uns getheilt. Es war ein redliches Herz, ein guter Kopf, ein leidlicher Lateiner, mittelmäßiger Franzos, ein bischen Engländer, Grieche fast gar nicht, indem das Griechische in jenen Tagen bei den Prüfungen der Kandidaten des Predigtamts nicht einmal gefordert ward. Dieses und das andre Gewöhnliche, was Hauslehrer alles lehren sollen und zu lehren pflegen, hat er mir und meinem Bruder Fritz nach Vermögen mitgetheilt, und wir haben daher sein Andenken in Ehren gehalten, wie er denn auch, so lange mein Vater lebte, als er Pastor zu Bodenstede bei Barth und auf der Halbinsel Dars war, immer desselben lieber und willkommener Hausfreund geblieben ist.

Hier glaube man nur nicht, daß der Vater ein harter Mann war; nein, er war von Natur fröhlich, freundlich und mild, meinte aber nach der Art jener Zeit, welche eine gute Art war, daß ein Junge, der wohl einmal Stein und Stahl anfassen müsse, nicht in Baumwolle eingepackt werden dürfe. Auch gehörte er nicht zu den Vätern, welche den Stock häufig gebrauchen. Ich habe ihn selten gefühlt; doch die letzte wohl verdiente Züchtigung etwa in meinem funfzehnten Jahre hatte ich dem Asmus omnia sua secum zu danken. Der Vater war ermüdet und verdrießlich wegen eines unangenehmen Verlustes aus Stralsund zu Hause gekommen und hatte sich früh zu Bett gelegt. Ich und Bruder Lorenz, der Vierte in unsrer Reihe, saßen im Nebenzimmer und lasen das berühmte Lied vom Riesen Goliath; wobei wir in ein gefährliches immer von neuem beginnendes Kichern geriethen. Zweimal gebot ja bat der Vater Ruhe zu halten, und rieth uns lieber auch schlafen zu gehen; als wir das dritte Mal in Lachen ausplatzten, da platzte er herein und stillte unsre Überlust mit ungebrannter Asche.

Baden im nahen Meere, Fischen in den vielen Teichen und in den Gräben und Bächen der überschwemmten Wiesen auf Karauschen, Krebse, Krabben, Hechte und Aale, Vogelstellen im Herbste in unsrer trauten Lau, Schlittenfahrten und Schlittschuhlaufen – alles das verstand sich als die Regel eines tüchtigen Landlebens von selbst.

Ich und der Fritz liefen also im Oktober und November, oft im schlimmsten Regen und Schneegestöber, schon in der Morgendämmerung und vor dem Frühstück auf unsern Vogelstrich, die Beute abzuholen und das durch Wind, Regen oder lose Buben Verwirrte wieder in Ordnung zu stellen. Wenn wir dann beschneit oder durchnäßt und zähneklappernd zurückkamen und uns an den Frühstückstisch setzten, jammerte es die Frauen wohl, aber der Vater lachte dazu, und lobte den Jungen, der lustig in alles Wetter hinein sah.

In der Ärndtezeit, wo viele Hände, und diese oft recht geschwind, gebraucht werden mußten, wurden auch die Jungen oft einige Stunden vor der Sonne aus dem Bette getrieben und mußten oft lange vor der Schulstunde Ochsen und Rosse herbeitreiben oder herbeireiten, oft auch den ganzen Tag in diesen oder ähnlichen jungenlichen und hirtlichen Geschäften ausharren. Waren junge Füllen zuzureiten oder Pferde durch die Teiche zu schwemmen, Bruder Karl, der nun wieder bei uns war und den Kaufmann, wofür er bestimmt schien, wieder gegen den Landmann vertauscht hatte, und ich wurden darauf gesetzt, oft wenn es in's Wasser ging, ganz nackt, der Vater mit der knallenden Peitsche hinter uns. Noch erinnert's mich, daß ich, als ich einmal ein unbändiges Thier splinterfasernackt durch einen Teich ritt, von diesem bei'm Herausspringen in Nesseln und Dornen abgeworfen ward, daß mir das Fell brannte. Zu solchen Abentheuern durfte nicht sauer gesehen werden.

Ich erinnere mich, daß ich eines Tages, als Ohm Schumacher aus Stralsund und Magister Stenzlers nebst vielen Damen bei uns waren und wir Kinder unsre Sonntagskleider angezogen hatten, auf dem Teiche an der Bleiche durch's Eis einbrach und schon einmal versunken war, als mein Bruder Karl mich bei'm Schopf faßte und herauszog. Ich machte mich nun mit den nassen triefenden Kleidern in die Gesindestube, wo ich an dem warmen Ofen meine Oberfläche leidlich abtrocknete. In diesem Zustande mußte ich, als es dunkel geworden, in dem Gesellschaftszimmer erscheinen. Die Männer spielten L'hombre; die Frauen saßen am Theetisch und eine las aus dem Siegwart vor; und ich Armer stand scheu und bange, irgendwie berührt oder befühlt zu werden, an der dunklen Ofenecke, so sehr als möglich vom Lichte abgekehrt, und blinzelte über die Schultern der Frauen zuweilen mit auf die Bilder des Romans, aber meine Seele zagte und mein Leib zahnklappte. Da erschien meine Retterin, die gute Tante Sofie; sie fühlte zufällig meinen nassen Rock, zog mich in's Nebenzimmer, erfuhr mein ganzes nasses Abentheuer und erbarmte sich meines Elends. Flugs war ich ausgekleidet, mit einem warmen Hemd angethan, und so in's Bett. Die nassen Kleider wurden getrocknet und geebnet, und den andern Morgen erschien ich zierlich und wohlgemuth wieder in der Gesellschaft. Die Base aber hatte unter dem Titel von Zahnweh, wovon ich als Kind schon genug geplagt worden bin, mein Wegschleichen entschuldigt.

Große Angst hab' ich meinen guten Ältern in Dumseritz einmal gemacht; in wirklicher Lebensgefahr bin ich dort zweimal gewesen.

Die Angst. Es war einen Abend, einen jener thaulosen Abende, wo man bei'm Mondschein wohl bis zehn elf Uhr das Korn noch einzufahren pflegt. Die Arbeit war geendet, Menschen und Kreaturen zu Hause, und die meisten auch schon zur Ruhe – siehe! da fehlte, als man die Köpfe überzählte, meine Kleinigkeit. Eine halbe Stunde geduldete man sich meiner Abwesenheit, weil man gewohnt war, daß ich schon in jenem Alter auf eigenen Wegen und Stegen wohl einsam auch im Dunkeln umherstrich; endlich aber ward man unruhig, und als es gegen die Mitternacht ging, stellte sich der ängstliche Gedanke ein, ich mögte in irgend einen Teich gefallen, übergefahren seyn, oder gar das Gräßliche, ich sey vielleicht in der Scheune irgendwo im Stroh eingeschlafen und von rasch übergeworfenen Garben zugedeckt und lautlos und klagelos erstickt. Alles lief nun suchend umher. Meiner Base Sofie fiel ein, sie habe mich den vorigen Abend, wo die Binderinnen unweit dem Dorfe Preseke Gerste banden, im Mondschein längs dem Meeresstrand hingehen und dort lange am Ufer sitzen und gegen die pommerschen Gestade und den reitzenden Vilm hinschauen sehen; vielleicht sitze ich dort wieder und erlustige Herz und Augen. Da war sie denn hingelaufen und hatte an dem Ufer weithin jeden Dornbusch und Distelbusch durchgestöbert, ob ich etwa dahinter versteckt oder eingeschlafen sey. Aber vergebens. Nach langem und vergeblichem Suchen waren aus der liebenden Brust und dem hellen Munde Klagegetön und Weherufe hervorgebrochen und endlich bis zu dem verlornen Schläfer hingeklungen. Ich war nämlich plötzlich und gespenstisch, durch die Mondscheinnebelgestalten hinstreichend, neben ihr erschienen und hatte ihr bei ihrem Erstaunen einen alten Hagedornbaum, wie sie in Rügen in den Feldern hie und da sehr groß und kraus stehen, gezeigt, wo der müde Junge sich abendlich hingehuckt hatte und eingeschlafen war. Sie riß mich nun mit geschwindesten Schritten zu Hause. Ich langte bald vor dem richterlichen Angesicht der Ältern an, kam aber diesmal, da der Zorn durch die Angst zermalmt war, mit leisen Verweisen davon.

In Lebensgefahr bin ich gewesen: das eine Mal, als ich unter das Eis gerathen war und mein Bruder mich faßte und herausholte; das zweite Mal, als nichts Geringeres als ein Wagenrad mir über den Kopf gelaufen war. Ich hatte mich nämlich auf einem großen vierspännigen Ärndtewagen in's Feld fahren lassen, war bei'm Zurückfahren des beladenen Wagens neben dem Knecht auf das Beipferd gestiegen, und bei einem Sprunge desselben herabgefallen – und siehe ein Rad des Wagens war mir hinter dem Ohre so über den Kopf gegangen, daß Haut und Haar blutig abgestreift worden. Doch war dem Knaben der Schädel nicht zerbrochen, sondern er blutete nur tüchtig. Wahrscheinlich hat, wie so oft im Fahren geschieht, das Rad, das mich nicht voll treffen sollte, erst einen Sprung über einen Stein und also halb in der Luft leichthin über meinen Kopf gemacht; sonst bleibt es unbegreiflich. Hier salbte und wusch die gute Tante mich wieder, damit ich nicht anderswo gewaschen würde. Als die Wunde vernarbte, durfte die Begebenheit unschädlich erzählt werden.

Auch sind mir aus diesen Tagen noch mehrere Freuden erinnerlich, besonders die freundlichen Gaben, welche zwei Menschen uns Kindern fast allwöchentlich zutrugen. Der erste war mein Ohm und Pate Moritz Schuhmacher, damals Verwalter des Hofes zu Putbus. Dieser segelte oder ritt nie nach Stralsund oder Greifswald, ohne daß er bei uns etwas abweges ansprach und Gebäck und Süßgkeiten und anderes Schönes aus seiner Tasche schüttelte. Der zweite war ein alter preußischer Hauptmann von Wotke aus Hinterpommern, der mit seinem grauen Gemal auf dem Schoritzer Nebengute Silmnitz eine halbe Stunde von uns wohnte. Noch heute schwebt mir das alte gutmüthige und rosig heitre Gesicht dieses Greises vor, der fast alle Abende zu uns kam und mit dem Vater eine Partie Karten oder Damenbret spielte. Am besten aber hatten wir Kinder es, wann er den Vater nicht zu Hause traf; dann nahm der freundliche Alte mich und meinen Bruder Karl auf die Knie, und erzählte uns Kriegs- und Mord-Geschichten und andere wundersame Abentheuer; worauf wir mit unbeschreiblicher Lust horchten. An Sonntagen erschien dann auch die Frau Hauptmannin, immer im vollen Staat nach der damaligen Weise, und der Alte dann meistens in Montur, mit herrlich gepuderter Paruke, den Degen an der Seite und die silbernen Sporen an den Stiefeln. An solchen Galatagen und vorzüglich an den hohen Festen bescherte er den Kindern sehr reichlich, und mit Recht schwebt sein liebes Bild nach mehr als sechzig verlidenen Jahren als das Bild eines milden und freundlichen Christengels vor meinen in Wehmuth dämmernden Augen. Denn dieser gute Greis war neben den Gaben auch ein Friedensengel, und hat mich und meinen Bruder Karl öfter von verdienter Züchtigung befreit.

Beschreibung rügenscher Orte

Aus: Erinnerungen aus dem Äußeren Leben

Schoritz war denn höchst anmuthig hart an einer Meeresbucht gelegen, welche die Halbinsel Zudar von der größeren Insel abschneidet; ein neues noch glänzend geschmücktes Haus; ein großer Blumengarten und mehrere Baumgärten; dicht daran eine ganz kleine Halbinsel, die aber bei hoher Sturmfluth oft zu einer Insel ward, mit hohen Birken und Eichen bepflanzt, worauf wir unsre Sommerspiele zu halten pflegten; gegen Osten des Hofes ringsum ein prächtiger Eichenwald, in welchem Tausende von Ackerraben ihren horstenden Wohnsitz zu haben pflegten; ein Viertelstündchen weiter der größere Wald Krewe.

Es war im Jahr 1775 oder 76, da zog der Inspektor Arndt von Schoritz ab, eine halbe Stunde weiter, und ward nun sein eigener unabhängiger Herr. Der Graf verpachtete nämlich diese Güter an mehrere Pächter, und mein Vater ward Pächter von Dumseritz und Ubechel nebst einigen Dienstbauren. Weder er noch die Mutter hatten zu solchen Unternehmen hinrei-

GEBURTSHAUS IN SCHORITZ

chendes Vermögen. Freunde in Stralsund, deren Vertrauen er verdient hatte, schossen ihm dazu die nöthige Summe vor.

Wir wohnten nun zu Dumseritz fünf oder sechs Jahre, ich meine, bis zum Jahr 1780 *[...]*. Dies hier sind die Jahre der aufdämmernden Kindheit, und aus diesen sind mir die anmuthigsten und idyllischesten Lebensbilder übrig geblieben, und auch glaube ich, sie haben meine glücklichsten Tage enthalten. Was nun das Äußere betrifft, so waren wir freilich aus dem Pallast in die Hütte versetzt. Dumseritz war ein häßlicher, zufällig entstandener Hof, mit einem neuen aber doch kleinlichen Hause; indessen doch hübsche Wiesen und Teiche umher, nebst zwei sehr reichen Obstgärten, und in den Feldern Hügel, Büsche, Teiche, Hünengräber, alles in dem unordentlichen aber romantischen Zustande eines noch sehr unvollkommenen und ursprünglichen Ackerbaues. Die Natur war, mit Goethe zu reden, gottlob noch nicht reinlich gemacht und ihre ungestörte Wildheit mit Vögeln, Fischen, Wild und Herden desto lustiger; auch streiften wir, dem fröhlichen Jäger, dem Vater und seinen Hunden folgend, oft darüber hin. Das hatten wir alles zu genießen, behielten aber Schoritz, wo uns ganz nahe befreundete Leute wohnten, und das nahe Silmnitz, worauf Ohm Moritz Schumacher als Pächter gezogen war, eigentlich immer noch als unsre Heimath, weil die Nachbarn und Nachbarskinder immer wöchentlich, oft auch täglich zusammenliefen. Dies geschah am meisten in dem Walde Krewe, wovon ein Theil zu Dumseritz gehörte, und worin wir bei der Vogelfängerei und Vogelstellerei meistens freundlich, zuweilen auch feindlich zusammenstießen. Wir hatten überhaupt ein glückliches Leben. Es war die zwanzig bis fünfundzwanzig Jahre nach dem siebenjährigen Kriege eine stille heitere Zeit und die Menschen fühlten sich außerordentlich wohlig und wählig, und ließen bei Besuchen, Zusammenkünften und Festlichkeiten und bei Reisen zu entfernten Verwandten die Kinder an allem freundlich mit Theil nehmen. Das Beste aber war, daß wir keinem frühen Lernen gequält wurden und auch diese Dumseritzer Jahre noch so spielend durchspielen durften.

Im Jahr 1780, wenn ich mich recht erinnere, zog mein Vater von Dumseritz ab in die nordwestliche Ecke der Insel, eine Meile von Stralsund, wenn man das zwischenströmende Meer mitrechnet. Er übernahm zwei sundische Güter, Grabitz und Breesen, nebst zwei Bauerdörfern, Giesendorf und Gurvitz, deren Bauren Hofdienst leisteten, oder vielmehr er kaufte sich das noch auf vier Jahre rückständige Pachtrecht derselben mit einer ganz bedeutenden Summe von einem Obersten von Schlagenteufel.

Die Güter Grabitz und Breesen mogten etwa zwölf bis dreizehn Last jährlicher Aussaat haben; das hübsche Dorf Giesendorf stieß dicht an Grabitz. Die Gegend war nicht so romantisch als die um Schoritz und Dumseritz, welche gleichsam schon die Angränze der paradiesischen Meerbuchten und Wälder von Putbus sind. Indessen wir waren gottlob wieder an's Meer gekommen, fanden reichliche Obst- und Blumengärten, und auch noch ein paar Wäldchen, die Lau (Lau, Loo: Wald) bei Grabitz, den Tannenwald bei Breesen, und den größeren noch näheren Tannenwald an dem Kloster St. Jürgen vor Rambin. Wir hatten die Herrlichkeit des Binnenmeeres fast mächtiger als bei Schoritz und Dumsevitz. Es bildet nämlich das Meer von dem Gellen bei Barhöft (Barhöfd: Vorgebirg der Wogen. Bar nord. Woge, franz. la barre) und Pron an der pommerschen Küste und von der Insel Hiddensee ab einen drei bis vier Stunden tiefen und drei bis eine Stunde breiten Busen, wohinein die Ostsee bei Nord- und Nordost-Stürmen gewaltig zurückschlagend strömt. Unser Grabitz lag auf einer kleinen Erhöhung an fetten weitgestreckten Wiesen und Weiden, die längs einem halben Dutzend Höfen und Dörfern weit am Strande hinlaufen. Wir hatten bei mächtigen Stürmen die schauerliche Freude, daß sich die Wogen etwa funfzig Schritt von unserm Hofe heranwälzten. Alle Wiesen waren dann ein einziger unendlicher See, und welche Wonne, wenn solches im December oder im Januar geschah und geschwinder Frost die Wasser in metallfestes und metallspiegeliges Eis verwandelte!

Bonn, den 3. Fasttag 1826 oder 20. April 1824; an Henriette Schleiermacher [DII]

Jetzt kömmt Deine Sommerangelegenheit:

Rügen und das Seebad. Höre und handle wie eine weise Frau.

Stralsund. Nun auch dort würde das Baden ersprießlich seyn, obgleich das Wasser in der Enge nicht das kräftigste ist und obgleich Dir und dem lieben Kinde die durchaus nöthige Seelenerquickung gebrechen würde. Demnach zu verwerfen.

Putbus. Natürlich kostbar und für den nicht sehr reichen also auch etwas unfrei und abquälisch. Gute Orte am Strande weiß ich dort herum gar keine, wo nur leidlich unterzukommen wäre. Auch würden, eben wegen der Nähe des Hauptortes, selbst in diesen die Forderungen der Lebensmittel Dienste etc. etc. nicht mehr mit der alten Rügenschen Unschuld gemacht werden.

Du mußt also weiter hinausblicken nach Süden und Osten. Das Bad wird auf jeden Fall immer besser – gewiß um 25–30

Procent – euer Zweck also besser erreicht, wenn ihr gezwungen werdet in der weiten offenen See zu baden. Da sind nun nur Mönchguth Jasmund und Wittow brauchbar.

Mönchguth. Herrlich auf einige Tage, sonst dem Ungewohnten gewiß nicht zu idyllisch sondern zu melancholisch. Auch würde es vielleicht mit den Lokalen hapern noch mehr vielleicht mit dem leichten Zugange zu den nothwendigen Lebensmitteln. Ich würde aber nach meinen erfahrnen Gefühlen am meisten für die traurig sehnsüchtige Stimmung fürchten, die einem in einem wundersamen Ländchen, welches die dort geboren sind dat söte nennen, so leicht in den Weg tritt. Also dahin nicht.

Nun kommt Jasmund. In der weiten Prorer Wik giebt es von Klein Wostewitz bis Sasnitz Stellen des schönsten und sichersten reinen Sandstrandes genug, zum bequemsten Baden im Freien. Es liegen Dörfer und einzelne Höfe nach jenem Strande hinauf in deren irgend einem im Sommer doch wohl ein leidliches Quartier zu finden wäre nebst Speise an Butter Milch Eiern Fischen. Auch würde die nahe Sippschaft wohl Allenfallsiges davon liefern können nebst Betten Geräth etc. für den Bedarf von 4–5 Wochen. Am Ende ist in Sasnitz selbst Quartier zu finden. Die Natur ist in dem ganzen Striche im Sommer lustig und heimelnd. Die zu viele Gesellschaft der nahen Verwandten müßtest Du Dir denn freilich mit Deinem bekannten festen Willen gleich anfangs in die gehörigen Gränzen zu bannen wissen. So könntet ihr hier in dem höchst wahrscheinlich recht warm ausfallenden Sommer auch schon eine Monatsidylle – euren Sommernachtstraum – zurechtleben. Nun Wittow, und ich will Dir einen Weg weisen, von dem ich aber nicht mehr weiß, ob er noch so fahrbar ist, als ich ihn weiland gefunden habe. Dein Bruder der Amtshauptmann zu Grimmen hat dort seine Schwäger. Diesen gehört das von dem unglücklichen Julius v. d. Lanken zu Presenz angelegte in einem Hain liegende Juliusruh, welches die Israel weiland, als Baier in Altenkirchen noch lebte, mehrere Sommer bewohnt hat und welches dicht an zwei Dörfer stößt und eine Viertelstunde von Altenkirchen und etwa 5–700 Schritt vom großen Strande (der Tromper Wik) liegt, wo ein schönes festes steinloses Gestade ist, in dessen Wellen Unterzeichneter – wer weiß wie viele hundert Male? – in frohen Jugendtagen seine Glieder erfrischt hat. Geräth Betten etc. können von Stralsund aus mit der ganzen reisenden Familie (oder besser schon früher) in das ganz nahe Dorf Brege abgehen, wohin und woher 2 mal wöchentlich Schuten aus und zu der Hauptstadt fahren. Ich habe Lankens genannt, auch Schwarzens in Wyk könnten das besorgen, falls Juliusruh noch steht. Es liegen aber von dem Dörfchen Drewoltke, hart an Juliusruh und der Tromper Wik bis zum Dörfchen Goor Dreiviertelstundenlänge am Ufer hinab, mehrere kleine Pachthöfe nicht fern vom Gestade, auch sind die beiden genannten Dörflein selbst da; und ein Sommerhäusele würde sich wohl finden. Obgleich hier keine Wälder und Baumschatten sind wie auf Jasmund, so machen die Meeresufer selbst, zumal im Sommer, sich morgendlich und abendlich so lustig und Meer und Gestirne würden wohl Mithelfer werden; so daß mir nicht bange ist, daß ihr euch auch hier wohl fühlen würdet. Vielen Proviant, Zucker Kaffe The Wein (Fische giebt das Ländchen) genug, könntet ihr euch auf 4–5 Wochen aus Stralsund gleich ganz bequem bis Brege mitnehmen.

Also nach meiner Meinung muß und wird es Wittow oder Jasmund seyn; was ich für mein liebes Betheli auch am meisten wünsche: denn das beste Seebad an der Ostsee könnt ihr dort nur haben, und dabei einmal ein recht einfältiges und nicht zu kostbares Leben führen. Zum Kostgange würde ich nicht rathen: denn wenn man da nicht mit vorzüglich frischen und freien oder ganz einfältig treuen Leuten zu thun hat, so ist das immer ein verzwicktes Ding.

Vergnügungen auf der Insel

Aus: ERINNERUNGEN AUS DEM ÄUßEREN LEBEN

Bei alltäglichen Gelegenheiten ging es alltäglich her, aber bei festlichen Gelegenheiten, bei Feierschmäusen, Hochzeiten u.s.w. was waren das für Anstalten und Zurüstungen auch bei so kleinen Leuten, als die Meinigen waren! Ich erzähle aus den Jahren 1770 und 1780. Also stehe es!

Es ging bei solchen Gelegenheiten in dem Hause eines guten Pächters oder eines schlichten Dorfpfarrers ganz eben so her, wie in dem eines Barons oder Herrn Majors Von, mit derselben Feierlichkeit und Verzierung des Lebens; aber freilich steifer und ungelenker, also lächerlicher und alberner. Es war nur der Parukenstil oder der heuchlerisch wälsch und jesuitisch verzierlichte und vermanierlichte Schnörkel- und Arabeskenstil, der von Ludwig dem Vierzehnten bis an die französische Umwälzung hinab gedauert hat. Noch lächelt mir's im Herzen, wenn ich der Putzzimmer der damaligen Zeiten gedenke. Langsam feierlich mit un' lieblichen Schwenkungen und Knicksungen bewegte sich die rundliche Frau Pastorin und Pachterin mit ihren Mamsellen Töchtern gegen einander, um die Hüften wulstige Poschen geschlagen, das oft falsche dicht eingepuderte Haar zu drei Stockwerken Locken aufgethürmt, die Füße auf hohen Absätzen chinesisch in die engsten Schuhe eingezwängt, wacklicht einhertrippelnd. Die Männer nach ihrer Weise eben so steif, aber doch tüchtiger. Bei diesen hatten die großen Bilder des siebenjährigen Krieges den wälschen Geschmack etwas durchbrochen. Man mogte mit Recht sagen, es waren die komischen Transfigurationen Friedrichs des Zweiten und seiner Helden. Mächtige Stiefeln bis über die Kniee aufgezogen, schwere silberne Sporen daran, um die Kniee weiße Stiefelmanschetten, in den Händen ein langes spanisches Rohr mit vergoldetem Knopf, ein großer dreieckiger Hut über den steif einpomadirten und eingewächseten Locken und der langen Haarpeitsche – da war doch noch etwas Männliches darin. – Und die Jungen? Selbst diese kleinen unbedeutenden Kreaturen mußten schon mit heran. O es war eine schreckliche Kopfmarter bei solchen Festlichkeiten. Oft bedurfte es einer vollen ausgeschlagenen Stunde, bis der Zopf gesteift und das Toupet und die Locken mit Wachs, Pomade, Nadeln und Puder geglättet und aufgethürmt waren. Da ward, wenn drei vier Jungen in der Eile fertig gemacht werden sollten, mit Wachs und Pomade drauf geschlagen, daß die hellen Thränen über die Wangen liefen. Und wann die armen Knaben nun in die Gesellschaft traten, mußten sie bei jedermänniglich, bei Herren und Damen, mit tiefer Verbeugung die Runde machen und Hand küssen.

Das Possierlichste bei diesen Abkonterfeiungen und Nachkonterfeiungen des feinen und vornehmen Lebens war noch der Gebrauch der hochdeutschen Sprache, welcher damals in jenem Inselchen auch für etwas Überaußes und Ungemeines galt und wohl gelten mußte, weil Wenige damit ordentlich umzugehen verstanden, ohne dem Dativ und Akkusativ in einer Viertelstunde wenigstens einige hundert Maulschellen zu geben. Es gehörte nämlich unerläßlich zum guten Ton, wenigstens die ersten fünf bis zehn Minuten der Eröffnung und Versammlung einer Gesellschaft hochdeutsch zu radbrechen; erst wann die erste Hitze der feierlichen Stimmung abgekühlt und die ersten Beklemmungen, welche der Überfluß von Komplimenten verursacht, über einer Tasse Kaffee verseufzet, stieg man wieder in den Alltagssocken seines gemüthlichen Plattdeutsch hinunter. Auch französische Brocken wurden hin und wieder ausgeworfen, und ich weiß, wie ich mich in mir erlächelte, als ich das Wälsche ordentlich zu lernen anfing, wenn ich an das Wun Schur! (Bon jour) und á la Wundör (á la bonne heure!), oder an die Fladrun (flacon), wie das gnädige Fräulein B. ihre Wasserflasche nannte, zurückdachte, und wie die Jagdjunker und Pächter, wenn sie zu Roß zusammenstießen, sich mit solchen und ähnlichen Floskeln zu begrüßen und vornehm zu bewerfen pflegten.

Außer diesen Freunden waren in Stralsund Verwandte, Bekannte und Geld- und Geschäfts-Freunde des Vaters, die bei der Nähe von Grabitz, welches zur Alten Fähre nur eine Stunde hat, die Samstage und Sonntage fleißig zu uns herauspilgerten. Sie brachten gewöhnlich Wein oder die Zuthaten zum Punsch mit. Unser Federhof lieferte Gänse, Schruthähne, Enten, Hühner und Tauben und das gute Gewehr meines Vaters Hasen, Repphühner, wilde Enten und die herrlichsten Schnepfen, wovon der Strand und seine weiten Wiesen wimmelten, in großer Menge. Es war damals überhaupt eine große allgemeine Gastlichkeit auf der Insel, die zum Theil wohl noch besteht, obgleich die Seebäder und ein wimmelnder Anzug und Durchflug von reisenden Pilgern da wohl etwas Eintrag gethan haben mögen.

Man fuhr, wenn der fröhliche gesellschaftliche Trieb aufstieg, unangemeldet zu den Nachbarn oder Freunden; mogte man zu Fünfen oder zu Funfzehen kommen, man kam willkommen. Umstände wurden nicht viel gemacht; Fische, Gefieder, Geräuchertes und Gesalzenes fehlten fast nirgends; Zucker, Kaffee, Thee waren in dem fast gar nicht bezollten Lande sehr wohlfeil; Bier und Branntwein fehlten nimmer, selten auch ein Glas Wein; immer aber war die ungeschminkte Gastlichkeit und Herzigkeit da. Dies war etwas so Abgemachtes, daß, wenn z. B. ein oder zwei wohlgepackte Wägen eben angeschirrt standen und abfahren wollten, und dann etwa ein dritter Wagen vorfuhr, der die Abfahrenden besuchen wollte, man diesen flugs wieder umwenden und mit zu denen, welche man besuchen wollte, fortrollen hieß. Auch für die Nacht, wann schlechte Wege oder böses Wetter die Heimfahrt nicht erlaubten, war in den meisten Häusern durch die Menge der reichlich gefüllten Federbetten gesorgt.

Aus: VERSUCH EINER GESCHICHTE DER LEIBEIGENSCHAFT IN POMMERN UND RÜGEN

In der Regel ist aber in Rügen überall weniger Lust und Spiel unter dem Volk, als in Pommern, weil seine Lage dort trauriger ist. Ehedem war es anders, wie uns Kanzow berichtet, der von ihren Schmausereien und Gilden viel zu erzählen weiß. Auf manchen Höfen werden den Leuten drei- bis viermal im Jahr Lustbarkeiten bei Bier und Brantewein gegeben, etwa nach der Saatzeit und Aerndte, und nach bestellter Wintersaat das, was man Aerndtekollation nennt, wobei alles bewirthet wird, was mit zur Aerndte half.

Beschreibung der bäuerlichen Verhältnisse auf der Insel

Aus: ERINNERUNGEN AUS DEM ÄUßEREN LEBEN

Wir finden in Pommern und Rügen, als der neue Zustand geschichtlich an's Licht zu treten beginnt, fast allenthalben mehr oder weniger strenge Leibeigenschaft oder Hörigkeit, aber durchaus nicht in so eigenmächtig willkürlichem Maaße, als im siebenzehnten und achtzehnten Jahrhundert. Aus den Gesetzen des sechszehnten Jahrhunderts sehen wir, daß Dienste und Leistungen fast allenthalben bestimmt, daß sie nicht ungemessen waren; daß auch die Edelleute keine Bauerhöfe oder Bauerdörfer willkürlich zerstörten und in große mächtige Güter verwandeln durften.

Für die Insel Rügen, wo im achtzehnten Jahrhundert die Willkür und Plackerei die ungemessenste war und der Dienst und die Abhängigkeit der armen Leute sich als die härtesten darstellten, ergiebt sich, daß der Bauer dort im funfzehnten und sechszehnten Jahrhundert in einer viel besseren unabhängigeren Lage war als in Pommern. Wir haben über die bäuerlichen Verhältnisse derselben die Schrift eines rügenschen Edelmanns, des Landvogts von Normann auf Tribberatz, im sechszehnten Jahrhundert unter dem Titel Rügenscher Landgebrauch verfaßt. Es ist vorauszusetzen, daß der Landvogt, selbst ein adlicher Gutsbesitzer, für die Bauren keine partheiliche Darstellung abgefaßt hat. Auch verschweigt er ihre Gebrechen und Fehler keineswegs, sondern stellt sie dar als übermüthig, streit- und schlagsüchtig, hoffärtisch und wild, und als solche, die es im ungebundenen und herrischen Wesen den Junkern fast gleich thun wollen. Das seyen die natürlichen und heillosen Folgen zu großen Wohlstandes und übertriebener Freiheit, daß die Frechheit und der Übermuth sogleich neben ihnen wuchere. Aus dem Landbuche erhellt, daß die Rügenschen Bauren Gewinner waren, welche eine große Einlage in das von ihnen bewohnte Gut gemacht hatten; daß, wann sie freiwillig oder aufgekündigt (was an gesetzlich bestimmte Bedingungen gebunden war) von dem Gute zogen, ihnen die ganze volle Wehr, alle Gebäude nebst Saaten und Hofraide ausbezahlt werden mußten; sie waren auch bei ihrem Abzuge von jeglicher Gutspflichtigkeit frei, und mogten als Leute ihres eigenen Willens ziehen, wohin sie wollten. Bei'm Todesfall und bei'm Antritt des Besitzes mußte das Besthaupt und der Gewinn entrichtet werden. Als Mitrichter und Mitschützer ihrer Rechte saßen sie bei Feld- und Gard- oder Kreis-Gerichten neben den Edelleuten, und verheiratheten – was dem alten Landvogt in seiner adlichen Gestrengheit sehr misfällt – ihre Söhne und Töchter häufig in adliche Geschlechter hinein.

Diese Gräulichkeit hatte ich mit angesehen und sie hatte mich empört. In Rügen war noch in meinen Tagen eine Menge Dörfer verschwunden und die Bewohner der Höfe waren als arme heimatlose Leute davon getrieben, so daß die früher Knechte gehalten hatten nun selbst auf den großen Höfen wieder als Knechte und Mägde dienen mußten. Ja es gab Edelleute, welche große Dörfer ordentlich auf Spekulation kauften, Wohnungen und Gärten schleiften, große und prächtige Höfe bauten, und diese dann mit dem Gewinn von 20,000 und 30,000 Thalern wieder verkauften. Dies veranlaßte an mehreren Stellen förmliche Baurenaufruhre, welche durch Soldatenentsendungen und Einkerkerungen gedämpft werden mußten. Auch wurden, wie es munkelte – was aber des verhaßten Gegenstandes wegen vertuscht ward – einzelne böse Edelleute und Pächter gelegentlich wie Tiberius durch nächtliche Überfälle unter Kissen erstickt.

Hierlandes war gar kein fester Brauch noch sicheres Gesetz, sondern mancher Herr ließ sich für die Freiheit von einem rüstigen und schönen Jüngling hundert ja wohl hundert und funfzig und von einer ähnlichen Magd funfzig oder sechzig Thaler bezahlen, konnte auch die Freilassung überhaupt gegen jede Summe ganz verweigern.

Aus: VERSUCH EINER GESCHICHTE DER LEIBEIGENSCHAFT IN POMMERN UND RÜGEN

Die königliche Domäne Mönchgut erfreut sich an ihrem jetzigen Pfandbesitzer, dem Major Blesing, eines sehr menschenfreundlichen und wackern Herrn. Er behandelt seine Untergebenen mit der größten Milde und hat mehrere Bauern auf eine mäßige Pacht gesetzt, z. B. die in dem Dorfe Göhren, welche jährlich 50 Rthlr. geben, und in der Saatzeit und Aerndte wöchentlich an einem der Herrschaft beliebigen Tage dienen. Zu Hofe dienen müssen eigentlich alle auf Mönchgut befindliche Unterthanen, doch sind davon diejenigen Lootsen ausgenommen, die nur Einlieger sind, diese geben statt dessen 4 Rthlr. 12 Schillinge Dienstgeld; dasselbe bezahlen auch die Einlieger, wenn sie nicht zu Hofe dienen. Die Bauern hier dienen gewöhnlich 3 Tage in der Woche zu Hofe, so auch die Käther, die Einlieger nur Einen Tag; in der Aerndte aber dienen Bauern und Käther alle Tage und in der Saatzeit 4 Tage in der Woche. – Außer diesen Naturaldiensten müssen die Bauern, Käther und Einlieger noch für die Erlaubniß zu fischen (die Abgabe heißt das Mattgeld), für die Aallage, das Spinngeld usw., erstere 3 Rthlr., die Käther 1 bis 2 Rthlr., und letztere 36 Schillinge bis 1 Rthlr. erlegen. Die Bauern geben auch noch ein Pachthuhn und etwas Armenkorn.

In Rügen hat man diese Einrichtung mit den Einliegern zum Theil in den letzten Jahren nachgemacht, auch wo man Unterthanen genug hat; zum Theil aber ist ihre ganze Lage anders. Da wohnen oft in einer Stube 2 Familien, die Gärten sind gewöhnlich kleiner, übrigens haben sie Weide für eine Kuh und eine Gans, wenn sie sie halten wollen, bekommen wohl ein Fuder Holz, auch Torf, wo er zu haben ist; die Frauen werden bei ihren Dienst auf den meisten Höfen gespeiset, müssen auch etwas spinnen, wie in Pommern. – Mit den Männern ist es hier eine eigene Sache. Es ist nemlich noch der häufigste Gebrauch, daß der Knecht, auch wann er heirathet, als Knecht auf dem Hofe bleibt, und seine Frau in einen näheren oder entfernteren Kathen zieht, wo sie Stube und Garten oft noch mit andern theilen muß. Man begreift nicht, wie so ein Mensch bei seinem Lohn, welches höchstens 10 bis 11 Thaler ausmacht, sich mit Weib und Kindern durchhilft. Die Dröscher erhalten gewöhnlich einen Reichsthaler für die Last Korn und essen auf dem Hofe. Wo sie um Korn dröschen, da ziehen sie, sobald das Dröschen geendigt ist und die Ackerarbeit beginnt, wieder als Knechte auf den Hof.

Auch muß man in Rügen auf den Gütern, wo man mit den Unterthanen nicht ausreicht, oder wo gar keine sind, ein großes Gesindelohn geben, und auch den freien Kathenleuten und Dröschern manche Vortheile bewilligen. So z.B. bekommt in Rügen ein freier Knecht häufig 18, 20, 24 Rthlr. Lohn und Schuh und Leinen landüblich; so die Mägde und freien Jungen nach Verhältniß. In Pommern, wo die Zahl der Untertanen geringer ist, beträgt des freien Knechtes Lohn 14, 15 bis 16 Rthlr.

Die Behandlungsart der Leibeigenen ist natürlich nach Gewohnheiten und Willkühren der verschiedenen Herren auch sehr ungleich, und diese armen Menschen sind glücklich, oder unglücklich, je nachdem ihnen durch Zufall ein guter, oder schlimmer Herr zuteil wurde.

Uebrigens ist es Norm, daß die Bauern und andere auf dem Gute wohnende unterthänige Leute nicht mit Geldstrafen belegt werden dürfen, sondern daß es meistens auf ihren Rücken losgeht; doch darf die Ruthenstrafe nicht über 6 Paar Ruthen seyn. Jedoch muß ich es zur Ehre unsrer Zeit rühmen, daß die Barbarei der körperlichen Mißhandlungen, welche die Leibeigenen von schlimmen Herren erleiden können, in den letzten 15 Jahren sehr abgenommen hat, weil man anfängt, sie immer mehr mit Abscheu zu bezeichnen. Indessen entlaufen doch noch jährlich Leibeigene, wie man aus den häufigen Steckbriefen, die man in den Zeitungen findet, sehen kann. Man thut aber Unrecht, immer zu glauben, daß die Ursache dieses Entlaufens Mißhandlung sey.

Nur Eine öffentliche Anstalt ist mir bekannt, die hieher gehört, nemlich die des stralsundischen Klosters St. Jürgen vor Rambin, wo alte Ackersleute gegen die Erlegung einer mäßigen Summe sich Ruhe und Unterhalt kaufen können, die in Wohnung, Garten, etwas Holz und ziemlich ansehnlichen Naturalien bestehen.

In der Regel ist man in Rügen theurer damit *[Loskauf von der Herrschaft]* als in Pommern. Wenn also Bauern und andere Leibeigene Gelegenheit gehabt haben, sich etwas zu erwerben, so geht es durch die Kinder, welche Lust zur Freiheit bekommen, doch am Ende in die Tasche des Herrn. So z.B. starb vor einigen Jahren in Rügen ein unterthäniger Müller, der ungefähr 1000 Rthlr. Vermögen und 6 Kinder, 4 Söhne und 2 Töchter, hinterließ. Diese kauften sich von ihrem Leibherrn, die Söhne theils mit 80, theils mit 100, die Töchter mit 60 und 70 Rthlr. los. Für die armen Schelmen aber, die gar kein Vermögen haben und doch gern frei seyn wollen, ist diese für ihren Erwerb verhältnißmäßig sehr große Summe äußerst drückend. Sie müssen Anleihen machen und haben oft 10, 15 Jahre zu thun, ehe sie ihre Schuld abtragen können.

Der General von Dyke zu Losentitz, ein Muster eines gerechten und milden Herrn gegen seine Leibeigenen, hat seine Bauern auseinander setzen und ihre Felder zusammenlegen lassen, um sie gleichfalls auf Pacht zu setzen. Auch auf den Spykerschen Gütern des Grafen Brahe auf Jasmund befolgt man jetzt ein ähnliches System.

Als Picht, dieser thätige und alles Gute eifrig befördernde Mann, dahin *[nach Gingst]* berufen ward, las er alle diese Akten durch und machte den Plan, die Leute frei zu geben, Wollspinnerei und Weberei unter ihnen einzuführen, und ihre Kinder an Fleiß und Thätigkeit zu gewöhnen. Es kostete ihm beinahe drei Jahre Zeit, Arbeit und Kosten, ehe seine Vorschläge bestätigt werden konnten. Unter dem Schutz des Generalstatthalters Grafen Sinclair fing er nun Wollspinnereien an, aber nach dessen Tode wurden die in Gingst fabricirten Rasche verboten. Picht ward von vielen ausgelacht, konnte auch nicht allen seinen Freigelassenen seine Thätigkeit einimpfen, und das Meiste gerieth ins Stecken. Indessen hat dies doch so viel gewirkt, daß seit dieser Freilassung von 1774 in Gingst noch die besten Dammastweber im Lande sind, daß mehr als 20 neue Häuser hinzukamen, und die Leute, wenn sie nur arbeiten wollen, in recht gutem Stande sind.

Mit dem Unterricht derselben *[der Kinder]* sieht es noch immer sehr kläglich aus, wie in den meisten Ländern leider, weil die Humanität unsers Zeitalters mehr für den Schein, als für die Wirksamkeit ist.

Nur einigen wackern Predigern, von denen ich bloß den Pastor Piper von Gustow, den Präpositus Picht in Gingst, den Pastor von Willich in Sagard nenne, ist es, nach langem Kampfe mit Schwierigkeiten und Verdrießlichkeiten, zum Theil durch Mitwirkung ihrer Eingepfarrten geglückt, bessere Schulen organisiren, und bessere Schulmeister besolden zu können. Der Präpositus Picht hat auch in diesem Jahre in Gemeinschaft mit dem Herrn von der Lanken zu Boldevitz eine Schule gegründet, in welcher Kopf und Hand abwechselnd geübt werden sollen; dies ist eine Art von Industrieschule, wo sich in der Person des Schullehrers Nützmann ein tüchtiges Subjekt angestellt findet. In dieser Anstalt sollen, nach seinem davon herausgegebenen Plan, Leib und Seele der Bauernkinder zugleich gebildet werden.

Aus: GESCHICHTE DER VERÄNDERUNG DER BÄUERLICHEN UND HERRSCHAFTLICHEN VERHÄLTNISSE IN DEM VORMALIGEN SCHWEDISCHEN POMMERN UND RÜGEN VOM JAHRE 1806 BIS ZUM JAHRE 1816

Auf Rügen wüthete dies Unheil *[das Bauernlegen]* viel schlimmer als in Pommern, weil dort der kleinste und ärmste Adel war; auch wurden im Ganzen die Leute auf Rügen viel strenger behandelt und knapper gehalten, als in Pommern. Daß die Menschen bei dieser Behandlung oft aufsätzig und tückisch wurden, und durch Soldaten zum Gehorsam gebracht werden mußten, daß man auch manche Bauern mit soldatischer Gewalt aus ihren Dörfern werfen und gleichsam wie Bienen aus ihren Stöcken abtreiben mußte, das alles habe ich mit gesehen und mit erlebt. Das Uebel hat sich nur besänftigt, als fast nichts mehr zu zerstören gewesen ist.

Daß Rügen vorzüglich arg mitgenommen ist, ergiebt Folgendes:

Im Jahr 1802 fand sich, daß die Bevölkerung in ungefähr zwanzig Jahren, nemlich seit dem Jahre 1780, in Pommern und Rügen etwa 9000 Seelen gewachsen war. Davon kam aber Rügen nichts zu gut, sondern es zog Pommern gleichsam noch was ab. In Rügen war nemlich die Bevölkerung während dieser Zeit um 1000 Seelen verringert, in Pommern war sie aber um 10 000 Seelen gewachsen, von welchen 7000 auf das Land, 3000 auf die Städte kommen.

Ich habe die merkwürdige Zeit der ganzen ungeheuren Umwälzung der Dinge, die uns betroffen hat und noch betrifft, mit durchlebt: die Jahre von 1787 bis 1806 waren die Jahre meiner Jugend. Was in der ersten Hälfte dieser Jahre noch bewußtlos von mir gesehen gehört und erlebt worden, hat die andere Hälfte zum Bewußtseyn gebracht. Viele von meinen lieben Landsleuten oder vielmehr Heimathleuten seufzen tief, wenn sie an jene Jahre zurückdenken, als hätten wir damals ein Glück und eine Herrlichkeit gehabt, die wir nun nimmer Hoffnung haben wieder zu gewinnen. Ich kann diesen Seufzer nicht mitseufzen, weder aus dem Herzen noch aus dem Verstande, obgleich ich offen bekenne, daß unsere äußere Lage viel bedrängter und hartseliger ist, als sie damals war.

Pommern und Rügen waren damals wohlhabend und fingen sogar an reich zu werden. Schiffahrt und Handel, die unter dem Schutze der schwedischen Flagge meistens ungestört auf allen Meeren getrieben werden konnten, und die außerordentlich hohen Preise des Korns (fast das Einzige, was wir ausführen) brachten Geld ins Land. Wohlstand und Wohlleben war unter allen Klassen ziemlich allgemein geworden, nur nicht unter der geringen und dienenden Klasse. Das Volk – Pöbel wird niemand Menschen zu nennen wagen, welche durch Arbeit ihr Brod verdienen – war arm und unterdrückt, und hing von fremder Willkühr ab. Es gab im Lande zwei Stände: den Adel, der auch die Ritterschaft hieß, und die Städte. Diese beriethen mit der königlichen Regierung, die auch ihnen und der Erhaltung und Verfechtung ihrer Rechte geschworen hatte, das Wohl des Landes, und sorgten durch ordentliche und außerordentliche Mittel für die Herbeischaffung der Bedürfnisse desselben und für die Unterhaltung des sogenannten Staats. Die schwedische Regierung über diese Lande war im Ganzen billig und milde *[...]*.

In Rügen, wie leicht sind die wenigen Dörfer zu zählen! ja, es giebt Kirchenspiele, in welchen kein einziger Bauer mehr ist: nichts als Herren und Pachter und abhängige Kathenleute. Wenn man hier die städtischen und königlichen Dörfer abrechnet, wo bleiben die Herren die noch Dörfer haben? Außer dem würdigen General von Dyke zu Losentitz, der vor allen zuerst zu nennen ist, dem Fürsten zu Putbus, der noch viele und große Dörfer hat, und hie und da neue Dörfer zu stiften sucht, wo die Leute als Grundbesitzer in eigenen Häusern und Gärten wohnen, den Herren von Kathen zu Götemitz, von Usedom zu Karzitz, und den Gebrüdern von Barnekow zu Ralswyk – wo nennt man die, welche Bauern erhalten oder geschaffen und nicht vielmehr sie zerstört haben?

In Rügen besonders, wo nur wenige Pachthöfe der königlichen Kammer sind, müßten sie alle so eingetheilt und in Dörfer verwandelt werden, so wie ihre Pachtjahre abgelaufen wären. Zu gleicher Zeit, damit auch sogenannte kleine Grundbesitzer Gelegenheit bekämen sich anzubauen, müßten von jedem solcher Pachthöfe, nach dem Maaße seines Umfangs, zehen bis zwanzig kleinere Plätze zu Häusern und Gärten abgesteckt werden, welche gegen eine billige Vergütung an beliebige Anbaulustige überlassen würden. Durch dies Beispiel und durch eine Ermahnung an die größeren und reicheren Landherren, welche von Seiten der Regierung nie unwirksam zu bleiben pflegt, können Misverhältnisse gebessert werden, deren Schuld zum Theil die Längstverstorbenen tragen, die durch bloße Machtgebote jetzt nicht mehr zu heben sind, die aber von einer gerechten und weisen Regierung mit der Zeit durchaus gebessert werden müssen.

Bonn, 24. Februar 1821; an König Friedrich Wilhelm III. [DII]
Ich habe nämlich, wie ich weiß und was ich gutes Muthes vor meinem Könige hier ausspreche, sehr mächtige Feinde, nicht erst seit den Jahren 1813 und 1814 oder gar seit 1819 und 1820, sondern seit dem ersten Anfange meiner schriftstellerischen Laufbahn.

Da stehen voran aus meiner Heimath – ich bin auf der Insel Rügen gebohren – ein Teil des Adels in dem vormaligen Schwedischen-Pommern und Mecklenburg, weil ich die zu grausame und gesetzlose Übung der Leibeigenschaft und die fast völlige Zerstörung des achtbaren Bauernstandes in jenen Ländern im Jahre 1803 in einem Büchlein nach der Wahrheit beschrieben hatte. Ich ward darüber alsbald von einigen derselben bei meinem damaligen Oberherrn dem Könige von Schweden Gustav Adolf angeklagt, aber von jenem Herrn freigesprochen, weil ich nichts Unwahres behauptet habe; und die Leibeigenschaft ward bald aufgehoben. Jene meine Feinde aber, die durch ihren Zusammenhang in einem mächtigen Stande nicht unbedeutend sind, haben mich seitdem nie losgelassen, sondern Jakobiner, revolutionärer und wilder Kopf und andere solche Titel, welche der Haß eingiebt, hinter mir hergeschrieen.

Besuche auf Rügen

Altenkirchen, den 20. November 1796; an die Mutter Wilhelmine Friederike [DI]

Liebe Mutter, wie ich hier lebe? Ganz wie zu Hause, das heißt, wie ich will; nur daß Sie alle mir fehlen: doch Sie fehlen mir nicht, denn leicht versetze ich mich in Ihre Mitte und genieße durch die Erinnerung was ich doch nicht ewig genießen konnte. Denn daß ich bei Ihnen auch diese letzten beiden verflossenen Jahre recht froh gewesen bin, fühle ich jetzt mehr, als jemahls, obgleich auch meine Hausältern sehr gut sind. Die Kinder hier sind alle brav und munter; die Mutter ist stumm und in sich zurückgekrochen, und offenbart sich Leuten, die ihren Beifall haben, höchstens durch ein kurzes Lächeln und einsylbige Worte – aber dumm ist sie nicht, und daß sie für das Haus wacht, beweist die Reinlichkeit und Ordnung in allem. Nun meine Lebensordnung. Des Morgens um sechs bringt das Mädchen mir Licht und das Holz fängt an im Ofen zu knistern; gegen acht kommt eine Bouteillie Bier und Butter und Brod; gegen neun erscheint Alwine, schreibt, liest und hört mich erzählen und unterweisen; sie geht gegen halb zwölf; halb eins wird gegessen; bis zwei Uhr schreibt Alwine und geht dann bis vier zum Küster. Um 4–5 esse ich Abendbrod. Gegen Abend gehe ich aus nach alter Weise, entweder nach dem Strande oder auf der A[*lten*]kirchener Weide oder in unsern Garten; um sieben wird gegessen; gegen halb neun ist jeder in seiner Klause, und gegen zwölf ich in meinem Bette. Gesellig und spielsüchtig – aber leider nur zum Bestbauer – ist hier alles, und ich bin in diesen wenigen Tagen schon auf zwei Hochzeiten und vier Gastereien gewesen. Könnten Sie mir gegen die Zeit des Marktreisens ein halb Dutzend wollene Strümpfe fertig schaffen, so würde ich Ihnen sehr danken; es ist hier doch etwas kälter und rauher, wie zu Löbnitz. Der Himmel erhalte Sie gesund und munter. Ihr Moritz Arndt.

Aus: Erinnerungen aus dem Äußeren Leben

Doch ward von hier *[der Universität Greifswald]* außer zu dem allerbesten älterlichen Hause, oft auch in die Insel Rügen gepilgert zu meinem Patriarchen in Posewald, zum General von Dyke auf Losentitz, und zum Superintendenten Pritzbur in Gartz, auch zwei Patriarchen anderer Stufen, als der wackere alte Hinrich Arndt. Ich fühlte oft die Sehnsucht, diese herrlichen Menschen zu suchen, die ich in fünf sechs Stunden von Greifswald erreichen konnte. Was ich da empfangen habe, das läßt sich auf kein Papier bringen. Es waren herrliche Abdrücke von Gottes Ebenbilde, drei Patriarchen, aus denen sich Kraft saugen ließ, wenn die lustigen Geister der Spekulation, die oft in dünner und unerquicklicher Gespenstigkeit wie Herbstwinde durch die dürren Stoppeln, durch die öden Bücherblätter hinpfeifen, einen in die kalte und leere Nebelwelt forttragen wollten.

Bergen, den 30. September 1810; an Charlotte von Kathen [DI]

Hier haben wir ein paar schöne Tage verlebt im Umgang mit der Natur und den Menschen, wenigstens mit Einem Menschen, meinem Bruder dem Bürgermeister, dem ersten Freund meiner Jugend und dem gleichen Genossen meiner Studien; er ist einer von den Menschen, die das Große unter dem Kleinen verhüllen und zu denen man einen Hauptschlüssel haben muß, um in die besseren Gemächer zu dringen, denn er hat seine besonderen Kammern zu Schnurrpfeifereien, wovor nur kleine Weihnachtsmarktschlößchen hängen. Mit der lieben Natur geht es mir hier immer wunderbar. Es überschwemmt mich ein solcher Strom von zarten und hohen Spielen und wechselnden Anziehungen hin und her, die drinnen wieder tausend neue Anziehungen werden, so daß einem fast bange werden kann, wenn man fühlt, was ist und was sein könnte. Bin und stehe ich hier mit allen liebsten Jugenderinnerungen, so dünkt es mich, hier müßte ich ewig leben und in solchem Reiz auch in einer stillen Hütte immer frische Kraft und Jugend bewahren können; aber sehe ich hinaus über die blauen Berge und dämmernden Küsten, und winken Thürme und Masten jenseits, so dehnt sich die weite und breite Bahn des Continents aus, und die Pflicht und die Arbeit treten herzu und winken auf noch fernere Staubwolken, auf daß nicht alle in anmuthigen Thälern und unter blühenden Bäumen spielen sollen. Nun, der Herr wird's richten, und wir müssen doch seinen Willen thun.

Trantow, 11. November 1811; an Charlotte von Kathen [DI]

Es war ein paar Stunden vor meiner Abreise nach Rügen, die ich mit meinem kleinen Knaben antrat. Diese Reise verunglückte mir größtentheils. Vier unaufhörliche böse Regentage, die meine wirklichen Geschäfte verzögerten, hielten mich fast an Einer Stelle fest; der Faden meiner Zeit war abgelaufen; ich sah unsre liebe Lotte von Garz nur, und kam nicht nach Götemitz, wovon ich Ihnen nicht zu sagen brauche, wie süß es mit in der Rechnung meiner 8 Tage eingeschlossen war.

Berlin, den 22. Mai 1813; an Johanna Motherby [DI]
Ich fuhr den 12. Mai aus Berlin ab, war den 13. bei einem Freund in Klempenow bei Demmin und den 14. Nachmittags bei meinem Bruder Ludwig zu Trantow bei Loitz. Den folgenden Tag nach Greifswald und einige Geschäfte abgemacht, und einige liebe Menschen besehen. Des Abends fuhr ich und mein Bruder zu Muncks, die nahe an der Rügenschen Fähre wohnen; die waren aber in Stralsund: es war spät und wir übernachteten bei einer wackern Frau, die Nachbarin ist, einer Frau Scheren, reiche Witwe und Freundin des Hauses und meiner. Den 15. Morgens nach dem mütterlichen Eiland Rügen; Mittag gegessen bei dem alten braven General Dyke, meinem Freund, dem Ort vorbeigefahren, wo ich gebohren bin und meine ersten Kinderjahre am Meeresstrande durchspielt habe; (noch sind die alten Gestade und Bäume so lieb) Nachmittags in Garz, wo ich getauft bin: ein kleines Städtchen: da sah ich meine liebe und lebendige Pistoria, lobenreich wie immer, aber die Spuren einer schweren Krankheit und eines im Ganzen freudenlosen Lebens an sich tragend; ich blieb nur eine halbe Stunde, dann nach Putbus, eine Meile von da, ein Paradis, wo mein jüngster Bruder wohnt. Er war nach Bergen, und ich fand statt seiner eine junge hübsche Frau, die er sich unterdessen gewonnen hat und die [...] recht liebe und freundliche Augen zeigte; aber ich fand noch einen andern Schatz,

ERNST-MORITZ-ARNDT-TURM
AUF DEM RUGARD BEI BERGEN

einen recht reichen Schatz voll Liebe, eine fromme Seele, wie Gott ihrer wenige schuf, die Schwester meiner Mutter, die meiner Mutter Kinder immer an Mutter Statt gewesen ist – und das war eine Freude, und nicht ohne Thränen. Wir aßen Abendbrod, dann angespannt und nach Bergen zu Bruder Friedrich. Da fand ich den jüngsten Bruder, die jüngste Schwester, den redlichen Fritz und viele Freunde beisammen, und auch den Karl Treu, groß und stattlich, mit fliegendem Lockenhaar und hellen Augen auf mich stürzend und mich umklammernd. Ich freute mich des Buben sehr; er war soldatisch angethan, mit einem großen Säbel um und schwedischen Busch am Hut und sah nicht übel aus. Hier gab es einen frohen Abend bis spät in die Nacht. – Den andern Vormittag Geschäfte mit Bruder Fritz (es war der 16. und Sonntag) und mein Vaterland vom hohen Rugard mit Sehnsucht überschaut. – Dann alle nach Putbus, wo Mittag gegessen ward. Um 7 Uhr von dannen im trüben Regen *[...]*. Angekehrt in Garz, den alten braven Probst noch zu sehen; es regnete gräßlich; viele Schweden, die auf Stralsund marschirten; Götemitz und die liebe Lotte Kathen nicht gesehen; obgleich es nahe am Wege liegt: der Regen verspätete alles; gegen 7 Uhr in einem Boote mit schwedischen Soldaten und sechs Pulverkarren uns einschiffend; das Wetter heiterte sich auf, und viele schwedische Galeeren und englische Schiffe wimpelten anmuthig in der Ferne vor Stralsunds Hafen. – Nun ward es Abend, dunkel ging ich in Stralsund ein, bald zu Muncks; ihn fand ich munter, sie kränkelnd und nicht, wie ich gewünscht hatte; die schöne Frau kann es doch nicht leicht ertragen, daß sie bald 40 Jahre alt wird: dazu kommt, daß die liebste Nichte die nächsten Tage wieder nach Finnland zu den Ältern abreisen soll. Hier ein sehr herzliches Willkommen, doch mehr Klagen über die Zeit als Freude, dann nicht unlustige Abendtafel, wo bekannte schwedische Generale etc. sich fanden, darauf noch allerlei Rathschlagungen über Reisen ins Bad, Fragen über Petersburg und seine Verhältnisse zum russischen Kaiser – endlich mit meinem Bruder Ludwig müd und matt ins Bett. – Den 17. Mai viele Geschäfte, Besuche rings um, Antreffen und Umhalsen von zwei andern Brüdern, die hinbestellt waren, Mittag bei Muncks, wo große Tafel, Gesang etc. war. Sie begleiteten mich eine Meile bis zu ihrem Landsitz, und ich fuhr wieder nach Greifswald, wo ich ein paar Stunden noch zu thun hatte. – Den 18. früh war ich in Trantow, wohin mehrere Brüder und Freunde kamen; da lebte ich den letzten Tag ermattet vom Wechsel zu vieler Gefühle und Arbeiten. – Den folgenden Tag ging es nach Mecklenburg in Geschäften, wo ich mich einige Tage getummelt habe, und nun bin ich wieder hier. Meine Rückreise ist in einer dumpfen Stimmung gewesen; ich habe Manches anders gefunden, als ich gedacht habe, in einigen Menschen von der Zeit recht tiefe Furchen gezogen, andere fast niedergerissen nicht außen allein, sondern innen. Das macht wehmüthig *[...]* und daß so viele Dinge und Menschen nothwendig wechseln müssen. Bin ich vielleicht auch so verwandelt? und komme ich andern vielleicht auch so vor? O du glückliche Blindheit, daß wir uns selbst nicht anschauen können, wie wir andern erscheinen! Dies ist mein kurzes Tagebuch.

Berlin, den 17. März 1815; an August Graf Neidhardt von Gneisenau [DI]

Euer Excellenz stelle ich mich hier schriftl. als ein Abschied nehmender vor, da meine eigenen zerrißenen Geschäfte mir eine Reise in meine Heimath nach Rügen zur Pflicht machen.

Zipke bei Barth, den 30. März 1815; an Georg Andreas Reimer [DI]
In Rügen bin ich gewesen und habe mich meines Sohnes gefreut: er ist blühend und kindlich und sehr rüstig und schön geworden.

Posewald, 1 Meile von Bergen, den 9. April 1815; an Johanna Motherby [DI]
Hier, wo ich so viele Freuden meiner Kindheit und Jugend genossen, habe ich lange sinnend auf einem alten Heldengrabe unter rauschenden Bäumen gelegen, wodurch der scharfe Ostwind pfiff, und Vergangenheit und Zukunft vor mir übergehen lassen. Hier wohnte einst ein Mensch unendlicher Freundlichkeit und Kraft, mein bester Vaterbruder, der 85 Jahre in Freuden alt ward, und nun wohnt hinter ihm ein matteres Geschlecht hier. Dies und viel anderes, was das wechselnde Leben bringt, stand hell vor mir, und Thränen traten mir in die sehnenden Augen. Auch war ich auf der Herfahrt hierher von Putbus mit meinem Bruder Wilhelm und Karl Treu unterwegs gewaltig gerührt und bewegt worden. Wir fuhren durch ein Dorf eine Viertelmeile von hier, welches Lonwitz heißt. Ich war in einer gewöhnlichen Stimmung, da sah ich einen Birnbaum über uns hängen am Wege, noch eben so frisch, wie ich ihn vor 30 Jahren gesehen hatte. Es fiel mir ein, wie mir als Knaben, wann wir darunter hinfuhren, so oft nach den rothen Birnen gelüstet hatte, wie ich auch zuweilen davon gegessen hatte, und wie ein wogendes Meer brauste die ganze volle Welt der Kindheit mit ihren unschuldigen und süßen Erinnerungen auf meine Seele ein, und ich bin so in dieser Stimmung geblieben. – O mein Engelein, wie habe ich auf das Meer und auf die Inseln hinübergeblickt,

und wohin bin ich geflogen und geschwommen auf den Wellen! *[...]*

Ich bin seit meinem letzten Briefe von Greifswald wieder über Trantow, Buchholz und Stralsund, zum Theil unter fliegenden Geschäften, vorgestern Abend wieder nach Rügen gekommen. Ich nahm bei meinem alten tüchtigen 85-jährigen Probst Pritzbur in Garz und bei seiner ebenso tüchtigen Tochter Charlotte Pistorius das Nachtquartier und erquickte mich sehr an dem lebenkühnen Greise; wir haben den Beweis so gern, daß der Geist alle Hinfälligkeit überwinden kann. Den gestrigen Tag bis Abend brachte ich in Losentitz zu bei einem andern Greise, einem General von Dyke zu Losentitz, einem meiner liebsten Freunde und einem der herrlichsten Menschen, die mir je erschienen sind. Den Abend nach Garz zurück, wo ich Kathens fand: die Kathen in aller Schlichtheit einer wahrhaftig stillen und frommen Seele. Es ward aber nur Politik verhandelt. – Heute früh nach Putbus gefahren. Mein Treu erwartete mich da schon, und die liebe alte Großtante war so lieb aber so thränenreich, weil der Treu mit mir reisen soll. Es thut mir auch sehr weh, denn sie ist ja seit seinem zehnten Tage seine Mutter gewesen.

Bergen, den 11. April 1815

Ich fuhr vorgestern Nacht mit meinem Bruder Burgermeister und meinem Treu hieher. Gestern wurden Geschäfte abgemacht und einige Stunden den himmlischen Gegenden um dies Städtchen gegeben; auch der Treu wollte einige Zeit haben. Ich nehme den Knaben mit mir. Es ist Zeit, daß er was Tüchtiges lernt, und auch dessen bedarf er, daß er einen Menschen um sich hat, den er vor allen andern lieb haben kann. Er ist gut und tüchtig, und ich glaube, er wird auch lernen aus Liebe. *[...]*

Eben (7 Uhr früh) sehe ich aus dem Fenster und sehe mein liebliches Eiland Pulitz vor mir in den Fluthen. O wie oft habe ich mir diesen stillen Sitz gewünscht in früheren Tagen!

Putbus, den 12. früh
Gestern Mittag kamen wir (ich und Treu) hier an und freuten uns unserer guten alten Tante, die in Thränen schwamm, daß sie den Jungen verlieren soll.

Berlin, den 4. Juni 1816; an Karl Bernhard Trinius [DI]
Ich bin hier seit 14 Tagen, reise übermorgen in meine Heimath nach Stralsund und Rügen, und von dort bald auf mehrere Monate ins alte Skandinavien, mir einige literarische Schätze zusammenzusuchen.

[...] Ich bleibe aber nicht im Norden, sondern der künftige Lenz mit seinen Nachtigallen wird mich am Rhein besingen (?), wenn ich lebe.

Berlin, den 6. Juni 1816; an Otto Magnus Freiherrn von Munck [DI]
Ich reise in wenigen Tagen von hier in meine Heimath. Nach Schweden werde ich nun nicht gehen, um mich den Spionengriffen des Herrn Bernadotte nicht auszusetzen; *[...]* und gegen den Herbst mich wieder in meiner Heimath anlanden, wahrscheinlich den Winter dort zubringen, und mit dem Frühlinge hoffentlich wieder zum Rhein.

Stralsund, den 15. Juni 1816; an Johann Quistorp [DI]
Mit vielen Grüßen von dem ehrlichen Karl Treu beladen, der in Düsseldorf auf dem Gymnasium geblieben ist, bin ich hier vor 2 Tagen in patria angekommen *[...]*.

Stege auf Mön, den 30. Juli 1816 früh; an Johanna Motherby [DI]
Ich habe die Insel gesehen, sie ist schön und lieblich, es hat mir dort geheimelt, aber sie kommt nicht an die Schönheiten der Heimath.

Poseritz auf Rügen, 1. Oktober 1816; an Karl Schildener [DI]
Denn was ich kann, muß ich von meiner Zeit für Rügen abknappen, die süße Heimath. Sie thut mir unbeschreiblich wohl, da sie nach manchen stürmischen und arbeitvollen Jahren mit recht linden Erinnerungen um mich spielt und mich auf eine unbeschreiblich eigne Art wieder zu verjüngen scheint.

Putbus, den 20. Oktober 1816; an Georg Andreas Reimer [DI]
Neues giebt es hier im Lande nicht, es wurmt und wurzelt immer noch so nach dem Alten fort, meist ohne Geist oder gar mit schlechtem Geist. Das ist z. B. in diesem Paradiese der Natur, in Rügen, mir immer ein drückendes Gefühl, daß es nur Herren und Knechte, daß es so gar keine Bauern und also kein Volksglück und keine Volkskraft mehr giebt.

Sonntag, den 24. November 1816; an Charlotte Pistorius [DI]
Ich werde gegen Ende dieser Woche wohl auf einige Tage nach Mönchgut reisen. Ich kenne das Land zu wenig, und ich muß meine Heimath doch auf ordentlichen Entdeckungsreisen kennen lernen.

Putbus, den 21. Dezember 1816; an Karl Schildener [DI]
Ich habe hier in der lieben Heimath nicht ohne Nutzen gelebt. Nach einem fünfjährigen, stürmischen Leben ist mir die Ruhe

recht süß gewesen und manche einfältige Kindergeschichten und Jugenderinnerungen haben theils als anmuthige, theils als wehmüthige Glockentöne durch Begebenheiten und Entwickelungen der späteren Jahre hingetönt. Es ist das Breiteste, sich mit Erfahrungen breit machen, aber zuweilen hat es seine Lust, wenn man das Brüsten der Narren sieht oder sich selbst auf Anwandlung solcher Narrheit ertappt, zu rufen: Eitelkeiten der Eitelkeiten! Überhaupt stellt sich seit einigen Jahren, je mehr ich in der sogenannten großen Welt umgetummelt worden, das Leben mehr und mehr unter einem verjüngten Maaßstabe hin, und ich spiele oft fast kindisch mit kindischen Fantasieen.

Putbus, den 18. Januar 1817; an Johann Quistorp [DI]
Hier wieder in meiner Heimath, finde ich, mein theurer Freund, ihren lieben Brief vor, von welchem Sie mir in Gr.*[eifswald]* sprachen.

Zu „rügenschen Problemen"

Aus: GESCHICHTE DER VERÄNDERUNG DER BÄUERLICHEN UND HERRSCHAFTLICHEN VERHÄLTNISSE IN DEM VORMALIGEN SCHWEDISCHEN POMMERN UND RÜGEN VOM JAHRE 1806 BIS ZUM JAHRE 1816

Warum ich diesen Aufsatz geschrieben habe, darüber werden die Verschiedenen Verschiedenes sagen und fragen. Aber es kommt ja nicht darauf an, wenigstens vor dem menschlichen Richterstuhle nicht, warum man etwas thut; sondern darauf kommt es an, daß das, womit man hervortritt, recht und wahr sei.

Einige werden mich tadeln, daß ich Mängel meiner Heimath aufdecke. Ich hätte auch von vielen Vorzügen und Tugenden derselben reden können; aber das gehörte nicht hieher.

Gewiß wünschen viele meiner Heimathlichen, daß die vielen Fremden, welche zu uns kommen, nicht allein ein schönes Land, sondern auch ein wohleingerichtetes Land bewundern könnten.

Bonn, den 24. des Hornungs 1845; an Karl von Kathen [DIII]
In deutscher Beziehung, in Hinsicht auf ein Allgemeines, Großes, Sehnsuchtsreiches und Hoffnungsreiches, was freilich noch nirgends wenigstens mit leiblichen Augen erblickt werden kann, ist wohl keine Küste Deutschlands so arm an großen Pulsschlägen des Gefühls und Gedankens als das weiland bischen Schwedischpommern und Rügen und der schöne mecklenburgische Meerstreifen. Wie werden sie von den eigentlichen Preußen (im engern Sinn) und den Holsteinern und selbst von ihren Stammgenossen den Hinterpommern (vielleicht Kassubien ausgenommen) da von dem Rosenroth der Verschämung übergossen und in Schatten gestellt! Da ist von euch Herren Regierungsräthen und Edelleuten und von allen Gebildeten auch der größeren Städte unsrer Heimath gar viel zu thun. Denn ohne Geist größerer Gemeinsamkeit und höherer Liebe, ohne eine fliegende und brennende Adlichkeit der Gefühle und Hoffnungen, wodurch wir Deutsche allein stehen und bestehen können, kommen wir nicht weiter, und müssen uns, wenn jeder nur immer den Duft seines eigenen Misthaufens riechen oder wegkehren will, im gegenseitigen Gegeneinanderbrummen und Murren, das gar mal wieder zu Prügelei werden könnte, abmüden und abkälten. Ich kenne die Quellen dieser Erscheinung der bezeichneten baltischen Küste und seiner feinen Länder wohl. Ein böses Wasser derselben ist, was Du wenigstens nicht hast trüben helfen, daß die Regierungen und der Adel dort den Bauernstand größtentheils zerstört haben und daß also die Masse des kleinen Volks dort nicht allein Gesinde sondern auch Gesindel ist, ohne Sitte und Vaterland: denn beides verliert nothwendig, wer nicht irgend mit festen Wurzeln im süßen Boden der Erde verwachsen ist.

Bonn, den 1. Mai 1848; an Dr. Ferdinand Hasenbalg [DIII]
Dankende Antwort. Innig erfreut und tief gerührt hat der Greis in seiner stillen Rheinischen Klause die Bezeugungen von Achtung und Liebe seiner geliebten Heimathleute empfangen. Er meint sich ein Theilchen davon zueignen zu dürfen, indem er meint, ein Theilchen der beiden Haupttugenden seines schönen mütterlichen Eilandes zu besitzen. Diese von großen Königen und Helden anerkannten und gelobten Tugenden, welche dem gegenüberliegenden Pommerlande mit ihm gemeinsam sind, heißen Tapferkeit und Treue. Unter ihrem heiligen Banner wird das kleine wie das große deutsche und preußische Vaterland mitten aus den wilden Stürmen des Tages einer hoffnungsreichen Zukunft entgegenschreiten dürfen.

Bonn, den 19. Juli 1850; an den preußischen Minister des Innern [DIII]
Euer Exzellenz als einem Hochgestellten nahe ich mich mit einer kleinen Bitte, welche freilich in der Kölner Zeitung vom 7. Julii schon laut geworden ist, wie sie in meiner Heimat seit 20 Jahren sich vor mir öfter als Wunsch oder Klage ausgesprochen hat.

Sie finden in dem beiliegenden Gedruckten ein paar Worte aus Vorpommern. Man wünscht dort in einer Zeit, wo Euer Exzellenz nebst vielen Andern so viel Wichtiges und Bedeutendes neu zu machen haben, ein überflüssiges Neu weg, welches für jenes erwähnte Ländchen in den ersten 5 Jahren des Preußischen Besitzes Geltung haben mochte, aber nach mehr als einem verflossenen Menschenalter billig keine mehr hat; sondern nur als eine Verkehrtheit noch fortdauert. Denn wie das Neu-Vorpommern immer auch als ein amtlicher Name in den Regierungsakten läuft, so könnte ja auch ein Neu-Sachsen genannt werden und eben jetzt ein Neu-Schwaben (Hohenzollern).

Also naht sich die kleine Bitte:

„Daß es dem hochgestellten Herrn Minister gefallen möge, durch eine einfache Erklärung jenem Ländchen ein Zuvieles, nämlich das Neu wegzustreichen."

„Inselträumereien"

Greifswald, den 21. März 1806; an Charlotte von Kathen [DI]
Was aus mir werden wird, für mich selbst habe ich immer am wenigsten gesorgt und nie gezagt; bleiben die Schweden unsere Herren, so verlasse ich mein Vaterland nicht gern.

Ohne Ortsangabe, den 16. Mai 1806; an Charlotte von Kathen [GF]
Sie meinen, ich will mein Vaterland verlassen. Jetzt nur, wenn ich muß. Sonst stand mein Sinn wohl nach Süddeutschland; aber Franzosenknecht mag ich nicht werden, bleiben wir hier nur so ungefähr bei dem alten Zustande, so halte ich Pommern und Mecklenburg für des großen Vaterlandes glücklichste Länder.

Ohne Ortsangabe, den 12. Juli 1811; an Charlotte Pistorius [DI]
Es ist ein für mich heiliges Land, worauf Sie treten, wann Sie ausgehen nach Südosten; o daß mir die Zeit würde, es diesen Sommer in einer andern Lebensepoche, die 30 Jahre hinter jener früheren dämmernden liegt, mit so freundlichen Men-

schen durch andere Gefühle zu heiligen! Ihr Kirchhof, Ihr Garten, Ihr kleiner Hain wie viele lustige Sprünge, wie viele wilde Knabenstreiche haben sie von mir gesehen! Doch bin ich auch Sonntags Nachmittag oft recht andächtig den hohen Berg zum Examen hinangeklettert, und mit klopfendem Herzen. Rosengarten besonders und sein Wald und der Bach, der da herum fließt, könnten viel von meinen Kinderträumen erzählen. Wie oft habe ich an der schönen Gränze Tage lang herumgeschweift!

Stralsund, den 18. Juli 1811; an Charlotte von Kathen [DI]
Meine süße Sommerlust von Rügen, die geht nun wohl dahin, und ich bekomme wohl weder die Rosen noch die Weintrauben von Putbus in ihrer blühenden Jugend zu sehen; glücklich, wenn nur eine Herbstlust daraus wird und ich auf den geliebten Hügeln herum streifen kann, wann der Kirschbaum seine Blätter rothfärbt! In der That, man möchte zuweilen ungeduldig werden, wenn man nur getrieben wird, und selbst nicht treiben und vollenden können; aber so ist das bischen Leben für Jeden. Möge es Sie durch diesen Sommer recht freundlich hintragen, und Kopfweh und Zahnweh und alles Weh und alle Kränklichkeit auf immer fern von Ihnen halten, damit Ihr schönes Herz in der Liebe der Menschen und der Natur und der Gottheit, worin es so kindlich spielt, sich recht lustig ergehen könne! Ja, leben Sie recht wohl, wohler denn je zuvor! und grüßen Sie Ihr ganzes liebes Haus tausend „tausendmal von Großmutter bis auf den Wilhelm".

Frankfurt/Main, den 24. Juli 1814; an Charlotte Pistorius [DI]
Vielleicht sehe ich sie gegen den Winter; aber das hängt nicht ganz von mir ab. Daß ich die Natur von Bergmännern und

Inselbewohnern habe, die sich immer sehnen müssen, wissen sie wohl. Dies geht so weit, daß ich mich oft nirgends begraben denken kann als auf meiner mütterlichen Insel.

Frankfurt/M., den 4. September 1814; an August Graf Neidhardt von Gneisenau [DI]
Ich bleibe noch einige Monate hier, um einige Sachen zum Druck zu befördern. Dann gehe ich nach dem Norden in meine Heimath, um meine eigenen Sachen einmal nachzusehen. Will man mich dann haben, so diene ich gern, wo ich nützlich seyn kann; wo nicht, so schließe ich mich irgendwo still zusammen, lebe und nutze im engeren Kreise, wie ich kann, und sehe dem großen Wogengewimmel der Welt aus der Ferne zu.

Frankfurt/M., den 3. Oktober 1814; an den Freiherrn vom Stein [DI]
Dann will ich die alten Schlachtfelder Westfalens besuchen, um mein historisches Urtheil über unsere alte Geschichte zu berichtigen, und von da gegen Ende des Novembers nach Berlin und von da nach Pommern, meine Sachen, Bücher und Familienangelegenheiten ein wenig zu ordnen. Will der preußische Staat mich dann haben, so bin ich zu Befehl, und werde bis zum letzten Lebenshauch dem Vaterlande treu dienen.

Berlin, den 11. Dezember 1814; an die Schwester Charlotte Dorothea [DI]
Nun schiebt meine Reise von hier sich aber von einer Woche zur andern, und ich kann noch gar nicht bestimmen, wann ich segelfertig werden kann, so oft die Flügel der Sehnsucht mich auch auf Winden zu Euch tragen wollen.

RELIEFANSICHT DER INSEL RÜGEN; 19. JAHRHUNDERT

Berlin, den 8. Januar 1815; an Charlotte von Kathen [DI]
Ich denke so oft mit Sehnsucht an mein schönes mütterliches Eiland und an so viele treue und gute Menschen, auch an so viele Gefreundte, an welche die innigsten Bande des Bluts mich knüpfen; aber wo werde ich bleiben? Wahrscheinlich nicht, wo Gott mich geboren werden ließ. Mein Schicksal steht nicht mehr in meiner Hand; ich muß dahin, wo mir Arbeit bereitet ist *[...]*.

Berlin, den 15. März 1815; an Verleger Wittich [DI]
Euer Wohlgeboren wackeres Unternehmen, dem ich einen glücklichen Erfolg wünsche, würde ich mich gern zur Mithülfe hingeben, wenn ich übermorgen nicht von hier in meine Heimath nach der Insel Rügen abreiste, wo ich wahrscheinlich ein paar Monate bleiben werde.

Köln, den 8. Januar 1816; an Georg Andreas Reimer [DI]
Ob der Staat mich will, weiß ich nicht; ich hoffe es: geschieht es anders, so stelle ich mein Leben anders. Ich werde Eichhorn bald darüber schreiben, das kannst Du ihm sagen. Kann es nicht seyn, so schlage ich meine Heimath auf entweder in meiner Geburtsinsel oder bei Frankfurt a/M.

Köln, den 10. April 1816; an Charlotte von Kathen [GF]
Doch können Sie glauben, daß mir das Herz klopft, wenn ich an einige Menschen und an die geliebte Insel denke *[...]*.

Berlin, den 23. März 1817; an Charlotte von Kathen [GF]
Glauben Sie mir nur – o Sie wissen es wohl – daß, wie ich treue Liebe zur süßen Heimat trage, so auch die Sehnsucht zu ihr nie fehlen wird; sie hat in diesem Lebensalter, worin

ich stehe, und bei den Strebungen, die mich noch bewegen, nur den einzigen Fehler, daß sie am Ende der teutschen Welt liegt: denn o wie vieles ist sonst da, was ich nirgends in der Welt so schön wieder finden werde. Ich habe mich in den letzten 8 Tagen, welche ich in Pommern verlebte, und auch in Stettin, nicht eben wohl befunden; das Gezerr zwischen allerlei Geschäften und Menschen hin und her und auch der durch so viele liebe Freunde oft erneuete Schmerz übten ihr Recht. Jetzt hat sich Leib und Seele aber schon wieder erfrischt *[...]*.

Bonn, den 9. Dezember 1817; an Charlotte Pistorius [DI]
Glauben Sie nur, daß ich recht oft daran denke, und nicht ohne Gefühle herzlichster Dankbarkeit gegen die theure Heimath und die geliebten Menschen darin, und oft mit recht mächtiger Sehnsucht. Aber das Schicksal muß ja jeder erfüllen, was er in seiner Brust hat, und wenn es gleich oft sehr schmerzlich ist; es kann ja nicht alles Glück und alle Liebe beisammen bleiben. Wie gern wurzelte ich nicht ein Dutzend geliebter Menschen in der Heimath aus, und pflanzte sie hier am Rheine an! Aber, aber – Es ist wohl traurig, daß Rügen so am Ende der Welt liegt, sonst hätt ich es nimmer verlassen.

Bonn, den 3. Januar 1818; an die Schwester Charlotte Dorothea [DI]
Wie oft wir an euch denken und auch von Pommern und Rügen sprechen, glaubt ihr wohl kaum. Meine Nanna ist mehr verliebt in die theure Heimat als ich. Doch ist es hier auch lieblich und schön und eine erhabene Natur mit unserem herrlichen Siebengebirge und den alten Burgen und den Inseln im Rhein. Einige Jahre werden wohl so hingehen, daß

wir uns nicht bewegen können, dann müßen wir die geliebten Ostseeküsten mal wieder sehen.

Bonn, den 3. Januar 1818; an Charlotte Pistorius [DI]
Ich erhielt heut einen sehr lieben Brief von meiner jüngsten Schwester mit den Bildern meiner seligen Ältern und mit manchen trauten Worten, und das hat mich so recht tief in die süße Heimath hineingezogen, woran ich immer denken muß, und auch ganz an die heimathlichen Küsten versetzt. So bin ich denn auch zu dem lieben Garz geflogen und muß schon darüber weilen, denn meine Flügel wollen nicht wieder weg. Was muß ich nicht alles gedenken, meine treue theure Lotte, und wie vieles muß sich da nicht in Lust und Schmerz bewegen! Es ist wohl wahr, was meine Schwester mir schreibt: Ach! wenn das schöne Rügenland mit dem schönen Rhein zusammenfließen wollte!

Bonn, den 19. Oktober 1818; an Charlotte von Kathen [DI]
Ja, meine holde Freundin, ich bin recht oft und recht mit sehnlicher Krankheit bei Ihnen und in der lieben Heimath; mein Herz ist dort mit tausend Wurzeln festgewurzelt, warum, weiß ich selbst nicht; und hätte mich Leben und Pflicht nicht dahin gemahnt, wo es weiter ist, ich säße gewiß in der traulichen Enge, wo Freundschaft und Liebe und alle trauten Erinnerungen der Kindheit und Jugend und alle ernsten und geheimsten Offenbarungen des Himmels und des Herzens so lieb und freundlich mich halten und umschweben würden.

Bonn, den 20. April 1819; an Charlotte Pistorius [DII]
Glauben Sie nur, daß ich mich oft recht träumisch und hei-

misch sehne, Möven und Kibitze am Strande der Ostsee kreischen und den Wind in den Eschen zu Garz und Eichen zu Putbus rauschen zu hören. Aber o du armer gefesselter Erdwurm Mensch, sollst du allenthalben seyn?

Bonn, den 30. des Weinmonds 1819; an Charlotte Pistorius [DII]

Und die Heimath? und die alten Tummelplätze und die Kinderspiele der Fantasie und auch die grünen Gräber, die nun voll, und die alten Sessel, die nun leer sind? Wann werden meine Augen das wiedersehen oder sehen? Gott weiß es, nicht ich. Doch wie oft bin ich lebendig unter euch und in der lieben Insel. Selbst mein Häuschen führt den Namen von einem süßen Fleck darin. Über seiner Thüre prangt in Stein gehauen:

Dieses Haus steht in Gottes Hand
Und Lülo ist es zugenannt;
Gottes Fried' und Freud zieh mit uns ein!
So mag das Glück der Pförtner seyn.

Bonn, den 20. Mai 1820; an die Schwester Charlotte Dorothea [StABStr]

Wir träumen immer von Pommerschen Reisen, aber in den ersten Jahren kann gewiß nichts daraus werden. Es ist überhaupt eine Zeit, worin alles unsicher und ungewiß ist, und wo einem die Flügel so beschnitten werden können, daß einem die Gedanken von Reisen mehr als hundert Meilen weit wohl vergehen müssen.

Bonn, den 10. November 1820; an Charlotte Pistorius [DII]

Liebe Lotte. Mein Karl Treu kam gestern zurück von seinem kühnen Auslauf in die Heimath und hat mir nach dem süßen

Ländchen Rügen und nach so vielen lieben Menschen recht eine Sehnsucht erregt und Manches beide mit Wehmuth und mit Freude wieder vors Auge gebracht, was durch die weite Ferne zuweilen doch entrückt wird.

Bonn, den 9. März 1825; an Charlotte von Kathen [DII]
Ja wohl, wie Sie sagen, wenn das leidige Geld jetzt nicht so selten wäre, wenn diese Leidigkeit und anderes Leidige nicht wäre, so flöge ich auch wohl mal wieder der Ostsee zu und schaute mit meinen lebendigen und sehenden Augen die lieben Menschen und die lieben Dinge einmal wieder recht klar und genau an.

Bonn, den 3. des Weinmonds 1825; an Charlotte von Kathen [DII]
Sie erzählen Ihre Andacht am Meere und machen mir fast das Herz groß. Denn ob ich mich sehne, und wie oft, mein mütterliches Eiland und seine lieblichen Gestade einmal wieder zu sehen? Sie fühlen das wohl und wissen es wohl; aber es sind viele Aber jetzt da, welche meine Bewegung hemmen, und Jahr und Tag und länger müssen wohl vergehen, bis ich einmal wieder die heimischen Gestade begrüßen kann. Wir wohnen hier schön, der Rhein ist der herrlichste Strom Europas; aber der Strom ist kein Meer; er kann wunderlieblich sein, aber auch unendlich schwermüthig im Fortrollen in einer Linie; das Meer aber spricht Stärke, Kraft, Freudigkeit und in seiner allseitigen Bewegung unendliches Leben und Schaffen.

Bonn, den 18. des Julii 1826; an Charlotte von Kathen [DII]
Oft, meine geliebte Freundin, sehr oft haben Flügel der Sehnsucht und Erinnerung mich weit über Berge und Ströme die-

sen Winter und Frühling in die liebe Heimath tragen wollen und zuweilen ist dieser Drang fast ein unaussprechlicher geworden, besonders die Sehnsucht nach einigen stillen Meergestaden der heimathlichen Insel. Ich weiß nicht, was das zu bedeuten hat; ich glaube nicht, ein Scheiden von diesem Planeten überhaupt, wo ich mir noch dünke allerlei zu thun zu haben, besonders für mein kleines und junges Haus, sondern es scheint nur eben so ein Anklopfer eigner Art gewesen zu sein, über dessen Bedeutung sich nicht grübeln läßt.

Bonn, 6. September 1829; an Charlotte Pistorius [DII]

Denn weht der Wind vom Norden her
Von unserer Heimath grünen Hügeln,
Von unsers Eilands blauem Meer
Und seinen heilgen Wasserspiegeln,
Dann mögte oft der süße Schmerz
Mit allen Rudern und Segeln wallen
Und an Dein liebefrommes Herz
Mit Jauchzen und mit Weinen fallen.

Bonn, den 5. Dezember 1829; an die Schwester Charlotte Dorothea [DII]

Ja Sehnsucht nach und Träume von dem süßen Länneken hören nimmer auf; aber jeder wird von seinem Schicksal und von seinen Umständen regiert; so ich von den meinigen. Meine Studien und Neigungen erfordern das Leben in und an einer größeren Stadt, wo ich Bücher finde; meine 6 Jungen noch mehr eine gelehrte Schule, und auch die Universität ist für sie unschätzbar, da, wenn irgend einer von ihnen Talente hat, größere Leichtigkeit seyn wird, sie mit weit geringeren Kosten studieren zu lassen.

Bonn, den 20n März 1832; an die Schwester Charlotte Dorothea [StABStr]

Und Du, liebes Gottsgabige, ich sollte diesen Sommer mit einem Theile meiner Schaar an die Ostsee kommen? Da ist für dies Jahr keine Möglichkeit. Wenn ich aber mal komme, so komme ich mit meiner ganzen Arche Noah und bleibe ein 3–4 Monate in Pommern und Rügen. Da mögt ihr euch nach einem breiten Strohlager umsehen. Indessen wer weiß, wann? und ob es je geschehen wird? Der Mensch denkts und Gott lenkts. Doch muß man sich ja mit Träumen weiden, da das Leben selbst nur ein Traum ist.

Bonn, den 27. März 1837; an Charlotte von Kathen [DII]

So nach dem Lenz schauend, schaue ich zugleich in den Lenz meines Lebens zurück – o, welch eine unendliche Weite! – und stehe flugs an dem Meeresufer, wo ich gebadet, und an meinen Sieben Bergen, wo ich als Knabe gespielt und als Jüngling geträumt habe, und auch vor Deiner gastlichen Thüre stehe ich, Geliebteste, und in Deinem stillen Garten wandle ich, und andere noch wehmüthigere Träume umschweben mich. Ach, die Träume! Daß dieses Leben uns so viele Versprechungen und so wenig Erfüllung geben muß, daß es meist auch nur ein etwas dunkler Traum ist.

Bonn, den 16n November 1838; an die Schwester Charlotte Dorothea [StABStr]

Seit einigen Wochen, liebstes Gabige, hab' ich ordentlich an Sehnsucht gekrankt nach Kunden aus der Heimath, von den Gefreundten und von euch; und endlich tunkt sich die Feder ein, für einen Brief an Dich; und ich weiß, Du wirst meine Wünsche erfüllen und meine Sehnsucht stillen.

Bonn, den 2. Mai 1839; an Friederike Friedrichs [DII]
Meine liebe kleine Friederike. Jetzt haben die Schwäne bei Euch um Pulitz und Bulitz und Kiekut ihre Liebesklänge wohl beendigt und sind weiter gegen Norden gezogen und die Nachtigallen sind wohl gekommen ihre Stelle einzunehmen. O ich kenne Dein Streu und das Wunderbild von jenem Binnenwasser und jener Insel, wohin zuweilen noch eine Sehnsucht wie ein Traum aus einer andern Welt zauberisch lockt. Ich male mir das alles hell wieder vor und Dich in Deinem Garten an Deinen Ufern und zuweilen auf den Hügeln umher als eine fromme thätige Hausfrau. Ich weiß auch, daß keinem Menschen gegeben ist gleich zufriedenen frommen und sittigen Landleuten in ihrer stillen Umschrankung glücklich zu seyn. Ich habe solche Bilder gesehen, selbst an meinen frommen freundlichen und fröhlichen Ältern sie gesehen, und sie stehen unauslöschlich meiner Seele eingedrückt. Möge Dein, liebes Kind, jener stille Friede und jenes zufriedene Glück seyn werden und bleiben! Amen!

Bonn, den 1n September 1839; an die Schwester Charlotte Dorothea [StABStr]
Ob ich die Heimat noch einmal wieder sehe? Ich hatte das im Stillen bei mir immer so gedacht, sogar, wie ich mich stark fühlte, mit dem Stock in der Hand zu Fuß durchs Land dahin zu wandern. Aber wenn meine Unlustigkeit und Unrüstigkeit dieses Jahr nicht bloß ein Durchgang ist, so werde ich es hinfort nur durch die Brille der Fantasie anschauen können.

Bonn, den 25. Mai 1840; an Friedrich von Hagenow [DII]
Dem Herrn Dr. Friedrich von Hagenow als Erwiederung auf das übersandte Geschenk seiner schönen Karte von Pommern und Rügen.

Urbild vieler süssen Bilder
Zeichen vieler süssen Zeichen,
Deren Farben ernster milder
An der Abendsonne bleichen,
An dem Schattenschein des Lebens,
Das den Wandrer heimwärts leitet,
Hast Du, Theurer nicht vergebens
Meinen Blicken ausgespreitet.
All die wohlbekannten Orte,
Städte Dörfer Hügel Küsten,
Muss ich schau'n, als ob sie Worte
Voll geheimen Zaubers wüssten,
Und Erinnerungen springen
Jung empor mit warmem Sehnen,
Und die Wehmuth regt die Schwingen,
Niederschüttelnd Thau von Thränen.
Darum dank' ich froh dem Meister,
Der mit stillen leisen Künsten
Kann citiren alte Geister
Aus der Grüfte Schauerdünsten,
Kann die flüchtigen Gedanken
An den Blitzesflügeln greifen
Und mit blüthenreichen Ranken
Des Gefühls die Brust umwaifen.
Nimm den Dank und alle treuen
Wünsche für die Heimath Erde,
Dass sie stets im schönern neuen
Leben grün und grüner werde!
Wunsch für Dich und für die Deinen,
Wie er kommt aus frommen Herzen,
Und was Menschen tiefest meinen,
Wann sie hellest, leichtest scherzen.

Bonn, den 25. August 1841; an die Schwester Charlotte Dorothea [StABStr]
Übermorgen gehen zwei meiner Studenten ab von hier auf Berlin, und wollen auch Pommern und Rügen und die Sippschaft auf der Wanderung begrüßen und kennen lernen. Ich brauche Euch nicht zu bitten, diese meine lieben Leute, den Roderich und Deinen Paten, den Leubold, einige Wochen freundlich bei Euch zu hegen und ihnen die Rügenfahrt nach Stahlbrode oder Stralsund und die zum Ohm Karl nach Zipke mit eurem Fuhrwerk etwas leichter und bequemer zu machen.

Bonn, den 28. August 1841; an Moritz Friedrichs und Friederike von Kathen [DIII]
Ich grüße Euch sehr, liebe Kinder, und meine Frau auch. Wir senden zwei unserer Söhne, den Roderich und den Leubold, die nach Berlin studieren gehen, in unser schönes Rügenland. Sie werden Euch viel von Bonn und von uns erzählen; denn zum Schreiben ist mir bei vielen Geschäften jetzt die Zeit und die Feder zu kurz. Ihr werdet ihnen ein wenig helfen, die Prora und das Gestade der daran liegenden Wik und die reitzende Insel Pulitz zu sehen. Auch sollt ihr sie zur Mutter nach Silvitz mit herzlichsten Grüßen von mir führen.

Bonn, den 26. September 1841; an die Schwester Charlotte Dorothea [StABStr]
Also meine beiden Burschen sind angekommen und freundlich und lieb von Euch empfangen worden. Ich denke mir, daß sie jetzt noch in Rügen schweifen und sich dort an der lieben Natur und an freundlichen Menschen ergetzen.

BILDNIS ARNDTS MIT AUTOGRAPH

Bonn, den 17. des Wintermonds 1841; an die Schwester Charlotte Dorothea [DIII]

Doch hat mich das Einzelne allerdings sehr gefreut nebst allen den Erinnerungen, welche aus dem Einzelnen herausspringen, und ich bin mit dem Herzen und mit allen meinen Anschauungen gewiß immer mitten in Rugia und Pomerania.

Sundine – Unterhaltungsblatt für Neu-Vorpommern und Rügen, 24. August 1842

Dieses schöne Gedicht, welches Vater Arndt erst vor kurzer Zeit gesungen, und das mir von freundlichen Händen zur Mittheilung an das Publikum gütigst überlassen wurde, wird gewiß jedem Verehrer dieses trefflichen Mannes willkommen seyn.

Sehnsucht nach Rügen

O Land der dunklen Haine!
O Glanz der blauen See!
Du Eiland, das ich meine,
Wie thut's nach Dir mir weh!
Nach Fluchten und nach Zügen
Weit über Land und Meer,
Mein trautes Ländchen Rügen,
Wie mahnst Du mich so sehr!

O wie, mit goldnen Säumen
Die Flügel rings umwebt,
Mit Mahrchen und mit Träumen
Erinn'rung zu mir schwebt!
Sie hebt von grauen Jahren

Den dunklen Schleier auf,
Von Wiegen und von Bahren,
Und Thränen fallen drauf.

O Eiland grüner Küsten!
O bunter Himmelschein!
Wie schlief an Deinen Brüsten
Der Knabe selig ein!
Die Wiegenlieder sangen
Die Wellen aus der See,
Und Engelharfen klangen
Hernieder aus der Höh.

Und Deine Heldenwäler
Mit moosgewobnem Kleid,
Was künd'ten sie, Erzähler
Aus tapfrer Vater Zeit,
Von edler Tode Ehren
Auf flücht'gem Segelroß,
Von Schwerdtern und von Speeren
Und Schildes-Klang und Stoß?

So locken Deine Minnen
Mit längst verklungnem Glück
Den grauen Träumer binnen
Zu alter Lust zurück
O heißes Herzenssehnen!
O goldner Tage Schein,
Von Liebe reich und Thränen!
Schon liegt mein Grab am Rhein.

Fern von dem Heimathlande
Steht Haus und Grab am Rhein –
Nie werd' an Deinem Strande
Ich wieder Pilger sein.
Drum grüß' ich aus der Ferne
Dich, Eiland, lieb und grün:
Sollst unter'm besten Sterne
Des Himmels ewig blühn!

Bonn, den 14. September 1842; an Charlotte von Kathen [DIII]
Nun frage ich, wo bist Du jetzt? Wo lebst Du jetzt? wo sollen meine Gedanken Dich suchen? Obgleich an der alten Sundia manche liebe Erinnerungen in mir haften, so denke ich Dich doch lieber auf dem Lande unter den melancholisch wehmütig brausenden Herbstbäumen in Putbus oder um die romantischen und fabelhaften Neun Berge bei Rambin oder im Götemitzer Walde am Carower See, den wir zuweilen in jüngeren Tagen auf schaukelndem Kahn beschifften.

Bonn, den 25. Juni 1843; an Charlotte von Kathen [DIII]
Und, Ihr Lieben, ladet mich Alten nun gar zur Kindertaufe. Ja, wenn die große Weite nicht wäre, und wenn ich wäre wie vor 46 Jahren, als ich im trübsten unheimlichsten Herbstwetter nach der Mitternacht in Altenkirchen mein Pferd sattelte und um 10 Uhr Vormittags auf dem Silvitzer Hofe zu Moritzens Taufe aufritt. Aber das sind vergangene Zeiten. Jetzt sitzt der Alte fest auf seiner Erde und kann an solche Flüge nicht denken, muß in seinem Rhein baden und froh sein, wenn er für den Winter sich wieder einige Stärkung sammelt.

Bonn, den 22. des Weinmonds 1843; an Charlotte von Kathen [DIII]

Es ist das mit der ganzen Umgegend eine heilige Stätte für mich, worum meine innigsten Gefühle und Träume nicht bloß weiland geschwebt, ja sich dort hingelagert haben, sondern wo sie noch oft ein gar wundersames Leben führen, indem sie mich nächtlicher Weile um Bergen, Pulitz bis zur Prora und Stubbenkammer und auf der andern Seite von Garz und Putbus bis tief in's Mönchgut hinein oft glückselig spazieren führen; versteht sich, daß der Capriccio, Traum genannt, alles viel großartiger und fanatisch bunter darstellt und ausschmückt, als es in der Wirklichkeit ist.

Bonn, den 21. des Frühlingsmonds 1845; an Charlotte von Kathen [GF]

Ich weiß nicht, ob mir noch Zeit und Kräfte kommen und bleiben werden, die Heimat und manche liebe Menschen wiederzusehen. Wie oft hab ich es gewünscht! aber immer hat sich irgend ein Muß dagegengelegt. – Und viele Muß hat es für mich gegeben, teils, die ich mir geschaffen, teils, die Gott mir zugeteilt hat. Ich bin einmal als ein Mensch des Kampfes und der Arbeit geboren, und der Stoff dazu hat nicht abgerissen und will immer noch nicht abreißen. Eins hatte mir Gott oder mein alter König zugeworfen, und daran habe ich ungefähr zwei Jahrzehende zu tun gehabt. Das zweite hatte ich mir nebenbei selbst geschaffen, indem ich den Mut hatte, kurz vor dem funfzigsten Jahre noch ein Weib zu nehmen und ein neues Geschlecht in dem Alter zu zeugen, wo die meisten Männer mit den Enkeln zu spielen anfangen. Dies hat viele Muß gegeben, und noch umstehen mich solche Muß. Dies hat auch den verständigen Mann durch Pflicht und Recht genötigt, sich für das äußere Leben länger, als sonst vielleicht geschehen wäre, wach und frisch zu erhalten. Manche feinere und zartere Saiten meiner Brust haben unter dem harten Spiel der Zeit wohl springen müssen, damit die starken straff blieben. So ist das Schicksal der Menschen. Ich sehne mich oft unbeschreiblich nach Ruhe und Stille und einem beschaulichen Leben, wie es das Alter billig haben soll, und darf es noch nicht haben. Viele Wasser müssen sich ja als Sturzbäche zu Tode springen.

Bonn, letzter Tag des Weinmonats 1852; an Friederike Friedrichs [DIII]

Euer Streu und das Inselchen Pulitz und die Inwik mit dem Frühlingsschwanliedern trägt auch sonst noch viele liebe Erinnerungen und Dämmerungen von Jugendträumen zu mir, welche mit andern süßesten Erinnerungen und den Schatten weiland geliebtester Menschen mit solchen Klängen und Namen über Land und Meer gleich goldgefiederten Vögeln zu mir herübergeflogen kommen.

Bonn, den 12. Ärndtemonds 1858; an eine Unbekannte auf Rügen [DIII]

Du willst von mir ein kleines Zeichen,
Von jenen Zeichen die nicht bleichen;
Da ruf ich: Vivat Rugia!
Und gleich ist alles Schöne da.
Den Schmuck von schönsten Herzensbildern
Kann nie ein Mann den Frauen schildern.
Mögen sie um dein schönstes Leben
Wie bunte Vögel fliegen und schweben!
Also Vivat Rugia!

Bonn, den 17. Christmonds 1859; an Frau von Müller geb. von der Lanken [DIII]

Liebe verehrte. Süss sind die Klänge der Liebe, die aus der Heimath klingen. So hat mich der freundliche Klang Ihres Briefchens getroffen, und Sie sollen meinen treuesten Dank dafür empfangen.

Sie gedenken Unser und unseres heiligen herrlichen Stromes so freundlich. Sie sollen dafür die liebe Heimathinsel und Alle, die dort mein noch nicht vergessen haben, schönstens wieder grüssen.

Quellenverweis

Ernst Moritz Arndt
ERINNERUNGEN AUS DEM ÄUßEREN LEBEN. Weidmann'sche Buchhandlung, Leipzig 1840.

Ernst Moritz Arndt
GESCHICHTE DER VERÄNDERUNG DER BÄUERLICHEN UND HERRSCHAFTLICHEN VERHÄLTNISSE IN DEM VORMALIGEN SCHWEDISCHEN POMMERN UND RÜGEN VOM JAHRE 1806 BIS ZUM JAHRE 1816 ALS EIN ANHANG ZU DESSEN IM JAHR 1803 ERSCHIENENEM VERSUCH EINER GESCHICHTE DER LEIBEIGENSCHAFT IN POMMERN UND RÜGEN. In der Realschulbuchhandlung, Berlin 1817.

Ernst Moritz Arndt
VERSUCH EINER GESCHICHTE DER LEIBEIGENSCHAFT IN POMMERN UND RÜGEN. NEBST EINER EINLEITUNG IN DIE ALTE TEUTSCHE LEIBEIGENSCHAFT. Im Verlage der Realschulbuchhandlung, Berlin 1803.

Ernst Moritz Arndt
BRIEFE. Herausgegeben von Albrecht Dühr. Wissenschaftliche Buchgesellschaft Darmstadt.
Erster Band, 1972 [DI];
Zweiter Band, 1973 [DII];
Dritter Band, 1975 [DIII].

Erich Gülzow
ERNST MORITZ ARNDTS BRIEFE AN EINE FREUNDIN. Stuttgart und Berlin 1928 [GF].

ERNST MORITZ ARNDT. UNVERÖFFENTLICHTE BRIEFE AUS DEN STADTARCHIVEN BONN UND STRALSUND. Hrsg. v. Hans-Joachim Hacker, Dietrich Höroldt, Felicitas Knoppke, Dieter Körschner. Bouvier Verlag, Bonn 1995 (StABStr).

Das ist das richtige Buch zur Einstimmung auf den Urlaub.

Lübecker Nachrichten

136 Seiten, gebunden
mit Schutzumschlag
ISBN 3-356-00805-6

Erzähl mal. Richard! Das lässt sich Richard Christ [...] nicht zweimal sagen. Denn erzählen, das kann er: Von der ersten Fahrradtour nach Binz im Sommer '46 oder '47, von den Wismut-Kumpeln dort und ihrem gefürchteten Schnaps, von dem Vogelschutzgebiet auf Hiddensee, das gar keines war, sondern Sperrregion, um die Bürger an der Republikflucht zu hindern [...] Das ist amüsant geschrieben, wenig politisch und liest sich locker weg [...] Erzähl weiter, Richard!

Frankfurter Rundschau

In dieser unübersichtlichen Lese- und Literaturlandschaft einem Manne wie Richard Christ wiederzubegegnen, bedeutet für den noch geübten Ostleser fraglos Gewinn und Überraschung. Für den literarischen Flaneur westlicher Prägung dürfte es womöglich eine späte Entdeckung sein, wenn er dem früheren Weltbühnen-Schreiber nun auf neuen geistigen Wanderungen folgt. Christ war und ist einer der wenigen Autoren der Gegenwart, die beste Traditionen deutscher Reiseliteratur mit stets kritisch-vergnüglicher Recherche wach halten [...].

Neues Deutschland

Tunesien, Rügen, Böhmen, Bulgarien, Sächsische Schweiz, Paris

296 Seiten, gebunden
mit Schutzumschlag
mehrere s/w-Abbildungen
ISBN 3-356-00864-1

BUCH DES MONATS JULI 2000
DER DARMSTÄDTER JURY

SWR-BESTENLISTE: PERSÖNLICHE EMPFEHLUNG, MÄRZ 2000

Wieland Förster ist ein glänzender Stilist, ein ganz altmodischer, der noch einen Sprachschatz zur Verfügung hat, um den ihn mancher anerkannt moderne Schriftsteller beneiden müßte. Die geruhsame Lektüre dieser Reisetagebücher ist ein Genuß, doch wie die Kunst Wieland Försters nichts für nebenher. Ernst-Jürgen Walberg, NDR

Zu lesen sind Notizen auf der Flucht vor der Überfülle der realen, alltäglichen Bilder und der jahrzehntelang aufgehäuften Sehnsüchte und Phantasien. Förster schreibt [...] in einem atemberaubenden, metaphorisch taumelnden Telegrammstil.

Bärbel Jäschke, Deutsches Allgemeines Sonntagsblatt

Eine Prosa, dicht an sinnlichen Eindrücken, allen Empfindungen offen, unzensiert, Geruch und Geschmack, Auge und Ohr – ein emotionaler Einbruch in die manchmal steril zu werden drohende Literatur.

Gerhard Wolf